四川省重点出版专项

WOMEN　　ZHANGDA　　LA

抗震救灾英雄少年十年成长记

KANGZHEN JIUZAI YINGXIONG SHAONIAN SHINIAN CHENGZHANG JI

四川省精神文明建设办公室 组织编写

四川辞书出版社

图书在版编目（CIP）数据

我们长大啦：抗震救灾英雄少年十年成长记／四川省精神文明
建设办公室组织编写. —成都：四川辞书出版社，2018.5
ISBN 978-7-5579-0308-4

Ⅰ.①我… Ⅱ.①四… Ⅲ.①人物—生平事迹—中国—现代
Ⅳ.①K820.7

中国版本图书馆CIP数据核字（2018）第065003号

我们长大啦：抗震救灾英雄少年十年成长记

四川省精神文明建设办公室　组织编写

责任编辑／张国文　雷　敏
封面题字／张花氏
绘　　图／扑扑马绘馆
封面设计／王　荀
版式设计／阿　林
责任印制／肖　鹏
出版发行／四川辞书出版社
地　　址／成都市槐树街2号
邮政编码／610031
印　　刷／四川经纬印务有限公司
版　　次／2018年5月第1版
印　　次／2018年5月第1次印刷
开　　本／180mm×170mm　1／24
印　　张／10
书　　号／ISBN 978-7-5579-0308-4
定　　价／42.00元

编委会

十年前，即5·12汶川特大地震发生之后，由四川省精神文明建设办公室组织，四川辞书出版社编辑负责采访、编写的《我们在长大》一书出版。该书用漫画形式呈现了2008年6月中央文明办、教育部、共青团中央、全国妇联表彰的"抗震救灾英雄少年"和"抗震救灾优秀少年"共计39人的光辉形象。图书的出版及时有力地传播了社会主义核心价值体系，在全社会特别是广大青少年中，形成了崇尚先进、学习英雄少年先进事迹的氛围，产生了较大的社会影响。

十年来，中央文明办对抗震救灾英雄少年群体给予了持续关注。当得知他们中的陈浩、张春玲身体受到重创时，中央文明办又带来了党委和政府的亲切问候和实际帮助。四川省文明办和社会各界对英雄少年的成长倾注了许多关爱，追踪着他们的成长历程，感动于他们的励志故事，也为他们中的每一位助力加油。

十年间，发生了很大的变化。英雄少年变成了青年，走上了工作岗位，有的建立了温馨的小家庭，甚至有了小宝贝。这里要说一说王佳明，他在清华大学毕业之后，支教西藏，之后又回到母校清华大学读研究生，以优异的成绩毕业，受到李克强总理的接见，现在他回到了家乡，为家乡建设贡献青春。还有马健同学，这个在抗震救灾中走出的少年英雄，在美国以全优的成绩读完本科，直接考入威斯康星-麦迪逊大学生物化学专业攻读博士，从事备受瞩目的阿茨海默症（即老年痴呆症）的研究，成为顶级研究机构的一名青年科学家。从中国的抗震救灾少年英雄到美国名校的青年英才，这个小伙子用"我能"完成了他的人生跨越。还有在浙江省人民医院工作的杨琳，做海员的高志军，做军人的张博、欧阳宇航、贾孝龙、熊弼臣，做设计的卿静文，做新传媒的阳玉洁，做社会工作的佘友富，做文秘速录的何翠青……

　　我们深知，热爱、关心这个少年英雄群体，应该是一个长期的社会学研究课题，不是一蹴而就，不是三天打鱼两天晒网，不是做表面文章，而是要走进群体之中，走进他们成长道路上的分分秒秒，感受他们的进步、欢乐和痛苦、忧愁。《我们在长大》一书出版时，责任编辑张国文老师就建立了一个QQ群，英雄少年们积极加入其中，参与管理，分享成长，共同进步。当时，张国文老师就跟各位小英雄约定，十年后再出版一本书，记录他们十年间的成长轨迹。各位小英雄积极响应，都表示支持此事。

　　承接《我们在长大》的脉络，我们把十年后的这本书取名为《我们长大啦——抗震救灾英雄少年十年成长记》。这本书通过漫画来回顾英雄少年在地震发生时的英勇无畏事迹，更多的篇幅则是通过照片、文字叙述来反映他们震后十年的成长经历和精神风貌，集中展现他们在成长路上突破阻碍、不断超越自我的优秀品质。英雄少年们在各自岗位上努力奋斗，在不同领域内拼搏向上，正是他们向社会交出的一份满意答卷。他们为广大青少年树立了学习的榜样。

本书的出版，有始有终，源流有序。把英雄少年接受教育、回报社会的平凡、鲜活、有趣的故事凝结成书，一方面体现了社会为英雄少年的成长提供了健康、良好的环境，另一方面也体现了绝大多数英雄少年不辜负社会的希望努力成长、服务社会的奉献精神。在此要感谢四川辞书出版社十年来对这个英雄少年群体的热情关注和为本书出版付出的努力；感谢四川新华文化公益基金会的大力支持；感谢英雄少年们用行动书写了自己人生的闪亮篇章。

我们相信，《我们长大啦——抗震救灾英雄少年十年成长记》一书的出版，有利于再次在全社会掀起抗震救灾精神的学习热潮，有利于中华民族各族儿女团结一致，共同为实现伟大的中国梦而不懈奋斗。

四川省精神文明建设办公室

2018年3月

Contents

目　录

记录：我的十年成长·马 健

我在美国的学习过程

一、动手能力问题

我对于实验并不存在所谓不适应、动手能力差的问题，这跟我的经历有关。小时候在汶川农村，过年时杀猪，我总是在旁边看，有时候还会帮忙杀两刀。在美国读大一时，老师要求解剖一个小猪，任务是把脑花完整地取出来，奖励是获得一个bonus point（附加分）。机会总是留给有准备的人，我就利用习得优势，成为第一个实际上也是唯一一个完整取出小猪脑花并且获得附加分的学生。

二、我为什么对生物化学感兴趣

我从小在山里长大，山里鸟语花香，动植物繁多，这些都深深地吸引了我。

有一次，我和父亲去榨油，榨完油之后已经是晚上了，我们背着油回山上的家。我穿着凉鞋打着电筒走在前面，踩到蛇，脚背突然一阵剧痛。我爸一看是一条剧毒蛇，因为那蛇有着黑白黄构成的一圈一圈的花纹。我爸立即蹲下来，抬起我的脚，用嘴把一部分毒液吸出来。回到家里，我的脚已经肿成圆筒状。我爸赶紧去找医生，医生不在家，等到第二天我爸才给我拿到了中草药。敷上这种药，一个月之后，我才完全康复。

我很好奇，为什么被蛇咬伤之后，那么少的毒液能给人造成那么大的伤害？毒液是如何发生作用的？我的身体组织又是如何变化的？我对大自然产生了强烈的好奇，这为我后来对生物化学产生兴趣打下了基础。

"一朝被蛇咬，十年怕井绳。"可是因为好奇，以后见到蛇，我还是照样抓，虽然更小心了，但还是被蛇咬过两次。一次抓牛蛙，一条蛇咬到了我的中指，那次没事。还有一次是2014年，有个古老的说法，说见到蛇，抓到蛇的尾巴把它拎起来，它就没法咬到人了。为了验证这个说法是否属实，我拎起了一条乌梢蛇，结果它团起身来就咬我一口，让我哭笑不得。教训：不要以为抓住蛇尾巴，蛇就咬不到你。

三、我的学习情况

2017年，我从本科升入威斯康星—麦迪逊大学（University of Wisconsin-Madison）读博士，学习生物化学。这所大学的生物化学专业在美国排名第二。同时申请该专业的有400多人，只有13个人获得资格且大都是硕士或者已有数年工作经验的人。要获得该校的入学资格，必须经过五个关卡：

1. GPA（本科阶段所有学科平均成绩，满分4.0，我的平均成绩为3.9）；

2. 教授推荐信，至少要获得3个教授的推荐；

3. 通过GRE（研究生入学考试）；

4. 个人陈述；

5. 一份有说服力的简历。

在美国读博士的学生，至少有三次机会选择自己喜欢的实验室，在每个实验室一般工作两个月左右。在这段时间学生可以充分了解教授，根据这个教授的研究对象、项目、资金、个人魅力以及他所培养出来的研究生的去向，得出你自己的判断，即跟着这个教授之后自己的前途是否光明。当然，教授本人对学生也可以做出选择。

四、我从事的专业

我的本科专业是研究老年痴呆症（Alzheimer）。就目前而言，此症是一个世界大难题，没有任何解药，再厉害的医生都无法治愈。正因为此，它才吸引了大量的科研人才投身其中。另一个原因是罹患此症的人数量大，此症对人类的威胁巨大，一旦被攻克，对人类的贡献不言而喻。

进入博士研究领域之后，我是否还继续老年痴呆症的研究，这要根据实际情况的发展来确定了。

五、顺便说一下地震的事

那一年地震，我读高中，是学习委员。逃出教学楼后，我立刻组织同学清点人数，救人。十年一晃即逝，往事如烟却历历在目，它给了我克服人生道路上一切困难的勇气和力量。

不管多困难，我都要坚持到底！

地震那个晚上，勇敢的马健独自一人冒雨悄悄回到学校。他蜷缩着身子钻进废墟，借助打火机的光线重新开始营救：用双手将砖头刨开、运出去，一趟又一趟地重复着。手磨破了，腿脚渐渐地不听使唤……

向孝廉，我一定会把你救出来的！

四五个小时过去了，双手血肉模糊的马健终于把向孝廉从废墟里刨了出来。

紧接着，他又发现两位被水泥板压住的同学，但没有大型工具，无法营救。他只能给他们找来水，鼓励两位同学坚持下去。

后来，被救出的向孝廉对记者说："叔叔，你们一定得帮我给马健颁一个见义勇为奖，没有他，我的命就没了。"

张博涨薪（2011-05-18）

张博　10:21:55

　同志们，一个好消息！今天得到确切消息，我的津贴从四百四涨到了八百，还要补五个月的钱！哈哈……

张博　10:23:23

　哈哈！高兴坏了！

张博　10:24:18

　现在新学员入学每个月就拿六百！

张老师　10:24:34

　稳倒起，还要装作一副穷心慌了的样子——低调。

张博　10:24:50

　当初大一时我们只能拿二百四。

张博　10:25:25

　低调，让全世界都知道我很低调！哈哈……

王东老师　10:25:43

　看来该请客了。

张博　10:26:04

　请客，请客！莫得问题！

阳玉洁想读一所好高中（2011-05-19）

刘刚　12:58:59

　阳玉洁，你打算读哪个高中啊？

阳玉洁　12:59:39

　我想到南高（南充高中）。

张博　15:56:50

　同志们，今天是蚊子的生日，张博在此号召大家有空没空都得给蚊子送上一个祝福，祝蚊子生日快乐！天天开心！越长越漂亮！收到响应一声！

张博　15:57:02

　同志们，今天是蚊子的生日，张博在此号召大家有空没空都得给蚊子送上一个祝福，祝蚊子生日快乐！天天开心！越长越漂亮！

张老师　15:58:59

　蚊子是哪个？

张老师　16:11:16

　原来是卿静文。

5·12汶川特大地震之十年记录

　　地震发生至今，我说得最多的话就是：感恩，感激。这是我发自肺腑的感谢。我无时不觉得自己很幸运。因为这一路走来，总会遇上满怀善意的好心人，总会遇上很多帮助自己的人。这是我特别感恩的地方。

　　2008年的大地震让我在废墟中埋了三天时间。被救出后，右腿高位截肢，左腿至今为止进行了13次手术，小腿上的肌肉几乎被切除，脚也变了形。我曾经有过痛彻心扉的难过，有过深深的自卑，也曾觉得生活再也看不见希望。但这一切都被不可预知的生活彻底改变了。

　　我住院的时间跨度比较长，前前后后加起来至少有两三年。当我一次次经历手术，当我每天进行着康复治疗，当我慢慢穿着假肢开始练习走路，我觉得生活好像一天天变得更加美好。

　　2010年我被保送进入四川大学读书。当我收到通知书的那一刻，我并没有感到开心，反而是满满的担忧，担忧我的腿不能支撑着我在如此大的校园学习和生活。事实证明，一切的一切都被我克服了。不过唯一稍显遗憾的是，我的整个大学时光几乎没有寒暑假的概念，因为寒暑假就意味着我需要回到医院，调修一下假肢，康复理疗一下左腿。

　　2013年，我的左脚变形越来越厉害，以致疼痛越来越频繁。因此我不得不休学做矫正手术，可是这次手术远远超出了我的预期，光是治疗的时间就超过半年。拆掉外支架，拆掉石膏之后仍然没有办法下地走路，我沮丧极了。经过半年时间的康复，我终于可以再次穿上假肢走路，可仍然没有之前那样自如，左腿也需要长期穿戴矫形器行走。

　　就在康复的过程中，2014年10月，我和朋友一起去了黄龙和九寨沟。一直以来都很想挑战一下自己，自从地震受伤以来，我都尽量去那些道路平坦的地方活动，很想知道

自己的腿面对前所未有的难题时，能否适应。最终收获特别大，慢慢地觉得我还可以做更多的事情。

2015年，我从四川大学平面设计专业毕业，随后从事本专业的工作。当我的第一幅作品挂在商场里为店家宣传，当我拿到第一份薪资，当我得到越来越多的认可，我都激动不已。在这之前，我从来没想过自己能一个人生活在成都，不仅能养活、照顾好自己，还能交到那么多朋友，得到那么多肯定。

随着自信心的增强，2016年，我干了一件更加疯狂的事情——爬上了黄山之巅。自从我没了右腿之后，我总习惯性地给自己设定很多的条条框框，觉得自己很多事情都做不了，不敢去尝试。黄山之行彻底打破了我对自己的禁锢。

很多事情永远不要在还未实施的时候就说"不"，要勇于尝试。

今年，我辞职了。心里有一个小梦想，我想有一个属于自己的设计工作室。我正在为之努力奋斗着，无论结果如何，勇敢尝试，认真努力付出，人生不设限。

阿姨快出去吧，这里太危险了！

地震发生后，学校成为一处废墟。搜救队员在教学楼最左边的夹道下发现了卿静文。由于现场情况过于复杂，救援工作进展艰难。约两个小时后，搜救队员在上方清理出一个开口，可以探进去半个身子。

当医护人员小心避开障碍物，探身进去给浑身是血的卿静文注射止疼针时，她一滴眼泪也没掉，而是用微弱的声音说出一句朴实而感人的话："阿姨快出去吧，这里太危险了！"

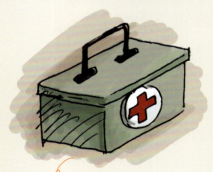

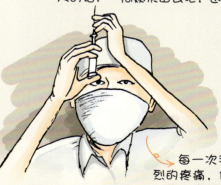

经过艰苦的援救，卿静文获救了，可是却失去了一条腿。

每一次手术后，都伴随着剧烈的疼痛，但是卿静文坚持不吃一颗止痛药。她怕吃太多药，影响大脑，留下后遗症。

"她坚强得让大人都自愧不如。"同病房的伤员说，"有一次我半夜醒来，发现她疼得躲在被子里哭，那是我第一次看到她流泪。白天她总是咬牙坚持，再疼也不哭。她还劝我们休息好才恢复得快。"

我虽然失去了一条腿，但我还有健全的头脑。我要用剩下的一条腿创造生活的奇迹！

"我必须面对现实，向张海迪姐姐学习。"医院中的砌静文在面对未来的生活时，仍然充满信心。

纪实：十年成长大家聊·之二

张老师和张博都姓张，群里其他人叫张老师"张叔"的时候，张博就赶忙答应，气得人家不行。（2011-05-20）

卿静文　16:38:48

　　是给张叔，不是给你。

张博　16:39:08

　　哦。

卿静文　16:39:23

　　张叔还没有搞定。

张老师　16:42:11

　　我找到这些人的头像了，之后呢？

张博　16:42:39

　　蚊子教张叔。

张老师　16:42:44

　　张博经常占便宜哈。

张老师　16:43:11

　　步骤上还是有问题。

张博　16:43:28

　　我是被迫去占便宜。

任艳老师　16:47:05

　　呀！张博是你吗？

任艳老师　16:47:15

　　不是张老师吗？

张老师　16:47:33

　　张博又占便宜了。

卿静文　16:47:49

　　是张叔，只是张博话多，答应一声而已。

任艳老师　16:47:54

　　呵呵，张博你欺负人！

卿静文　16:47:54

　　哈哈！

张博　16:48:09

　　我没有答应！

张博　16:48:17

　　冤枉我……

卿静文　16:48:38

　　你整了一个"哦"，任姐姐以为你是张老师了。

何亚军的新QQ号（2011-06-21）

2286972779（2286972779）　11:08:33

　　我是何亚军，这是我的新QQ号。原来那个被盗了。请各位赶快加我，并注明自己是哪个哈。

2286972779（2286972779）　13:31:52

我是何亚军，这是我的新QQ号。原来那个被盗了，请赶快加我！

2286972779（2286972779）　21:53:42

我是何亚军，这是我的新QQ号。原来那个被盗了，请各位赶快加我！

895785297（895785297）　21:53:59

哪个呀？

895785297（895785297）　21:54:04

哪个呀？

2286972779（2286972779）　21:54:33

就是2286972779。

我是何亚军。

895785297（895785297）　16:54:15

哦。

任艳老师　16:54:18

呀，回答的问题错误！

任艳老师　16:54:21

加不上。

2286972779（2286972779）　16:54:30

马上。

895785297（895785297）　16:54:30

你原来那个不可以用唉？

2286972779（2286972779）　16:54:37

嗯，被盗了。

任艳老师　16:54:48

放学了？

895785297（895785297）　16:54:49

哦。

2286972779（2286972779）　16:54:53

嗯。

2286972779（2286972779）　16:54:58

刚放学。

2286972779（2286972779）　16:55:29

现在可以加了。

高考（2011-06-26）

杨琳　12:40:13

张老师你还好吗？我上高三了，哈哈。

杨琳　13:36:59

同志们你们好，我想你们了。

张老师　8:20:41

杨琳好，考完了嘛？

张老师　8:40:33

已经知道了两个同学的高考成绩。现在看来，今年的高考题有点难哟。

张老师　10:19:25

高志军的手机打不通，真奇怪。有人能够帮我下吗？

杨琳　12:55:11

还没考试。

019

记录：我的十年成长·薛　杲

我的十年

距离2008年5月12日，已经过去快整整十年了。人生匆匆，十年时间，我从一个在求学路上努力学习的高中生，成长为每天两点一线的工作者。偶到梦回时，仍然难以忘记

那道永远跨不过的沟坎，那是一直高悬的警钟。即便已经越来越习惯遗忘，但这一天，仍会有一种力量，牵引着目光，拨弄着心弦，回到记忆深处，重温那个悲伤的五月。

回忆也是一种力量，住院那半年让我明白了，世间真情无处不

在。

2009年，为了能够独立，我独自一人前往上海求学。为了对社会做点事情，我加入了志愿者协会，去往上海儿童中心，带着孩子们玩耍，逗他们开心，自己也很充实。

2010年，和大多数青年一样，我也去参观了上海世博会，见

证了世界性的盛事。

　　大家都说，大学生活是人生最轻松、最美好的一个阶段。的确如此，这里有同学们热情的帮助，自己也前往多个地方开阔眼界。

　　2013年，我从上海财经大学毕业，加入了可口可乐（四川）公司。因之前的接触，我发现可口可乐有可以做慈善的平台，所以果断入职。

　　2013年到公司后，我第一次去了南充可口可乐希望小学。

　　2014年，我去了巴中可口可乐希望小学。

　　2015年，我去了雅安可口可乐希望小学。

　　2016年，我去了西昌贫困小学。

　　2017年，我去了蒲江可口可乐希望小学。

　　阅历的增加，让我的每一天都很充实，我也很享受这种生活。我要带着朋友的期盼继续这样走下去，充实地活下去。

在困难中学习，在学习中前进

2008年震惊世界的5·12汶川特大地震过去十年了，在不得不叹息时间过得飞快的同时，也想起当时的情景。

地震的残酷改变了我的一生："叔叔，记得我的可乐，要冰冻！"这一句话所包含的精神，改变了我的一生；自己亲自签下截肢手术同意书的那一刻，同样也改变了我的一生。

在过去的十年间，遇到的困难很多，但得到的帮助更多。

回想住院时，无数的好心人前来探望，当时就暗下决心，一定要做一个对社会有用的人。右手截肢了，自己努力练习使用左手，一周学会左手用筷子，一个月练成左手写字，虽然比不上右手，但是基本的需求已经达到。

因为地震，高三有接近半年没有学习，心理压力大：一是读书压力巨大，担心自己成绩赶不上；二是面对未来的压力更大，自己得到太多的关心，不能没有出息，这样就给自己很多的压力。但有时又想，自己能幸运地活下来，没理由不去克服所有的困难。当时，学校更是给我开了各种小灶，老师有针对性地对我进行辅导，使我的成绩突飞猛进。当时，乐观积极的心态让我渐渐走出低谷。

大学填报志愿时，我果断选择离开自己的家乡，离开无微不至地照顾自己的家人，前往上海求学，就是想让自己更加独立，也想告诉家人，请他们放心，我可以自己照顾自己。

在上海求学的四年时光里，我也遇到了很多困难，比如：每次放寒暑假回家，行李不能带太多，因为一只手不方便；开始时，还担心同学们会因为我的光环而不愿意与我交朋友；大学的学习生活，自己能否应付等问题。后来发现，自己的顾虑是多余的，辅导员和同学们都非常关心我，自己基本独立完成了所有事情，并完成了所有学业。

毕业后，在选择就业的道路上，我依然选择了回到成都发展——我想为家乡做点什么。

最初的梦想就是创业，创业的目的就是回报社会。朝着这个目标，我加入了可口可乐公司专门负责公益活动的外事部门，因为之前参加过可口可乐公司的几次活动，我发现他们在慈善方面一直做实事。在没有创业之前，我在自己任职的部门开始进行小小的社会回馈了。当然初进公司时，我脑子里一片空白，什么都不会，专业也不对口，这就要求我必须重新学习。经过部门经理和同事的耐心讲解，通过自己的不断努力，现在我已成为一名公司认可的优秀工作者，2015年被公司评选为"全年的质量大使"。

在这十年中，我哭过，我累趴下过，我试图抱怨过，但我始终没有放弃我自己，我用乐观的态度、顽强的精神，成功地挺过来了。就像2008年在废墟里被埋了80个小时一样，其间我从没有一刻想过放弃。

十年的时间，我的生活也渐渐平静了，我很喜欢这种感觉。记得当年参加一个节目，主持人让我说最后一句话，我说："请忘记可乐男孩，请记住我叫薛枭。"后来有人跟我解释说，你不用太在意"可乐男孩"的称呼，你完全可以把这个词当作"可乐乐观的男孩"来理解。我幡然醒悟。"可乐乐观的男孩"，这不正是对我这些年的完美诠释吗？

轰轰几声巨响之后，四周
突然变得异常安静。

在可怕的黑暗与寂静之中，同
学们相互鼓励，等待救援。时间过
去了70多个小时……

我没事，你
们先救她！

5月15日19时左右，救援人员发现薛枭
和一位女生被埋在由几块倒塌水泥板形成的狭
小空间中，身体没有受到致命伤害。在救援开
始时，薛枭坚持让人们先救女同学。

薛枭，一定
要坚持住！

为了不让薛枭睡
着，救援人员主动和
他聊天。

026

23时，薛枭被救援人员缓缓抬出。此时，他被埋在废墟下已80个小时。住进医院后，薛枭的右手不得不高位截肢。由于父母不在身边，他自己用左手大拇指在手术同意书上按了手印。

这位勇敢乐观的高中生被网民亲切地称为"可乐男孩"！

纪实：十年成长大家聊·之三

王佳明的弟弟考上了上海海事大学（2011-07-21）

张老师　16:55:10
　　王佳明，弟弟考哪里了？

王佳明　16:55:51
　　上海海事大学。

王佳明　16:56:00
　　张叔叔。

王佳明　16:56:09
　　你咋知道呢？

王佳明　16:56:16
　　谢谢您的关心。

张老师　16:57:13
　　不错哈。是一所具有核心竞争力、不容易失业的学校。

李阳　16:57:17
　　明哥，你弟弟在上海？

王佳明　16:57:34
　　是啊。

王佳明　16:57:49
　　还得你多照顾哦。

王佳明　16:57:54
　　Too.

张老师　16:57:55
　　这是我听到的来自这个群高考的最好的消息了。

李阳　16:57:58
　　规矩的蛮①，放心。

王佳明　16:59:53
　　李阳，你现在在什么地方呢？你在实习？
　　李阳……

陈浩车祸（2011-10-13）

张博　9:56:32
　　一起为陈浩祈祷吧！

陈娴静老师　9:58:30
　　希望他能快点康复。

张博　9:58:54
　　是呀！大家都为他祈福！

卿静文　11:51:24
　　陈浩怎么了？？？

张老师　12:02:15
　　车祸，据说比较严重。

卿静文　12:04:43
　　咋那么不小心？

王佳明　13:10:04
　　可有人在？

张老师　13:52:08
　　在哈。

---

　　①可能是李阳自己的语言习惯，大概是"一定"的意思。

梁强　15:34:58
　　为陈浩祈祷。

高志军　17:24:04
　　一切都会好起来的。

535608063（535608063）　20:15:38
　　是我。

535608063（535608063）　20:15:46
　　哦。

韩加育　20:15:50
　　有他的联系方式吗？

535608063（535608063）　20:15:54
　　我看看。

张博　20:15:57
　　没。

韩加育　20:17:53
　　为他祈福吧。

535608063（535608063）　20:18:06
　　好的。

535608063（535608063）　20:18:31
　　陈浩脱离危险了吗？

韩加育　20:20:09
　　还没脱离危险。

535608063（535608063）　20:20:52
　　不知道。

何翠青　20:21:01
　　现在大家都知道了。

535608063（535608063）　20:21:46
　　咱不谈了行不？

张强　20:21:48
　　吓人一跳啊。

535608063（535608063）　20:22:20
　　怎么了？

张强　20:25:25
　　大家以后出门也小心点哦。

535608063（535608063）　20:26:09
　　知道了。

何翠青　20:26:46
　　真不知这是谁的责。

535608063（535608063）　20:27:49
　　我也不知道。

梁强　22:20:11
　　有人去看陈浩了吗？

何翠青　13:04:32
　　他现在怎么样了？

何翠青　13:04:52
　　脱离危险了吗？

535608063（535608063）　19:40:26
　　我也不知道呀。

张老师　8:49:01
　　说是能够打电话了。

梁强　10:33:48
　　谁要去看陈浩一定要叫上我哦。

陈娴静老师　10:35:23
　　现在去看陈浩，只能下午4点至4点半这个时间段。

张博　10:35:53
　　谁去看过？现在陈浩情况怎么样？

陈娴静老师　10:37:22
　　我同事上周去看过，我上周五也给他打了电话，他亲自接的。

记录：我的十年成长·王佳明

2008 年

地震后我们在绵阳长虹培训中心复课，后来，我被保送至清华大学学习。

2009 年

参加清华大学组织的无偿献血。入校后被清华大学师生为地震灾区献血的行为所深深感动，从2008年起，我每年坚持献血，至今已献12次全血，共计4200毫升。此外，我在课余时间积极参加各种志愿活动。这些我都会坚持下去，希望能帮助到需要的人。

本科学习期间，与室友一起参加北京国际马拉松比赛，并顺利完成北京国际马拉松全程（约42公里）、半程和10公里比赛。

在四川参加巡回演讲报告，这是第一次尝试演讲。这让我发现了自己的潜力，让我找到自信，也让我找到能更好更多地传递正能量的一种方式。

2012年，我从清华大学本科毕业，保送研究生并保留学籍，赴西藏支教。本科四年学习生活，从起初的彷徨、紧张，到后来的自信、阳光，清华力量已融入我内心。

西藏一年，享受站在讲台上的每一分钟，享受西藏朋友们的馈赠（在西藏爬过高山、骑游远行、拉萨河游泳、烧烤），享受这离太阳最近的地方带给我的从容和快乐。

2014年，荣获清华大学特等奖学金，时任校长陈吉宁为我颁奖（清华大学特等奖学金是清华学生的最高荣誉）。在清华八年时间里，荣获省部级及以上荣誉奖励6项，校级荣誉17项，院级荣誉10余项。我希望我的父母、老师、曾经和现在帮助过我的人能够看到我的成长和改变。

参加排球比赛，从初中起即与排球结缘，至今15年。它不仅仅让我锻炼了身体，更多的是让我体会到一个团队聚在一起，为了一个目标共同奋斗挥洒汗水所带来的快乐和享受。

2016年

2016年硕士研究生毕业前夕在清华大学图书馆。

2017年

2017年5月，与心爱的人结婚，开始书写新的人生幸福篇章。

十年，匆匆过，但留下的记忆深藏于心。

这十年，带给我更多的是坚强、乐观、从容和阳光。

还有若干个十年。不忘初心，将过去的一切化为内心坚持和包容的力量，而这些力量又将带着工作和生活中的我们更好地前行！

向祖国和人民汇报：我在感恩中砥砺前行

　　我叫王佳明，于2008年被保送至清华大学学习，2012年本科毕业后参加团中央扶贫接力计划赴西藏支教一年，2013年回到清华大学攻读硕士研究生，目前已回到四川工作。

　　汶川特大地震至今快十年，地震发生那一刻的地动山摇、地震后的一幕幕惨景、家乡恢复重建时大家的齐心协力……让我牢牢地记在心里，无法忘怀，也不想忘怀。清华八年，我有太多的感触，我曾经遇到过很多挫折和困难，但是我对生活乃至生命始终充满积极乐观的心态，我战胜了那些挫折和困难。清华八年，我受到过很多的帮助，得到了很多的关爱，我的进步与他们的帮助和关爱密不可分。因此，我希望用我这一生来将这份爱传递，用自己的行动去践行感恩。

　　2008年刚进入清华时，因为知识基础不扎实、课程压力大，我的学习遇到了很多困难。每当这个时候，我总会独自一个人去图书馆找一个安静的角落，上网查查家乡的新闻。每当我看到那一幅幅灾区的图片、一条条关于灾区的新闻时，我都会想起地震当天我们自救的场景。那时，我总能充满一股劲儿，心里总想着：不能就这样放弃，否则如何对得起背后关注的目光。路是走出来的，只要努力，只要坚持，再大的困难都能挺过去。

　　前任国务院总理温家宝2009年五四青年节时来到清华，用曾经在北川中学说过的一句话勉励我们灾区的学子："你们要昂起倔强的头颅，挺起不屈的脊梁，向光明的未来前进，前进！把那份感激之情化为学习的动力，好好去学，将来重建家园，为祖国的建设做出贡献。"这番话我一直铭记在心，不断地激励自己。在清华的八年时间里，我在专业学习、社会工作、体育锻炼等各方面提高自己、完善自己。本科毕业后，我到西藏职业技术学院做老师，从一名普通的大学生到如今的双肩挑思想政治辅导员，从本科排名末尾的"学渣"到后来的研究生国家奖学金、清华大学特等奖学金获得者。我理解并践行着"自强不息，厚德载物"的清华精神。

一路走来，我成长着，也奉献着。我积极参加各种公益、实践活动，从北京奥运会到残奥会，从校园讲解志愿者到清华大学百年校庆骨干，从老年大学志愿者到西部计划支教团一份子，都有我的身影。感恩，责任，帮助身边更多需要帮助的人，是我心中不变的信念。2012年本科毕业后，我参加团中央扶贫接力计划研究生支教团到西藏支教一年。除了担任4门课程主讲教师外，我还积极参加团区委"绿叶支教"志愿活动，利用周末指导农民工子弟学习；参加高考前心理辅导志愿活动，对拉萨市5所高中、数千名学生进行辅导；首次开设"大学生与大学生活"公选课，结合感恩励志教育、公益实践活动等多种形式帮助同学们了解大学和大学生生活，结课时，我特地播放了励志微电影《敢不敢一起滚蛋》，看完后，30多名学生哭成一片。从西藏回到清华，我带回了一条哈达，把它挂在宿舍床头。看见哈达，我就会想起忙碌且丰富的支教生活，我就会回味那付出和奉献带给我的幸福；而哈达，也让我不忘初心。

我永远忘不了清华师生在汶川地震后主动为地震灾区献血的大爱。地震发生第二天，清华师生的献血量是当时北京运往灾区血液量的1/6，献血持续了14个小时。18万2

千毫升的血液在地震危急关头能挽回多少生命？我无法想象。这对来自地震灾区的我来说，那一刻，清华是多么亲切，清华园是多么温暖！受益于斯，我必将回馈于斯。地震时，我没法输血去帮助我身边的人，但是现在，我可以通过献血去帮助别人，我想这是对生命的敬畏，这是对爱的寄托。当我看着鲜红的血液从我身体里流出来时，我能想象清华的老师和同学们排着长长的队伍至深夜为灾区献血的画面，我能回忆起地震当天大家一起救援的场景。所以，每当遇到困难时，我都会告诉自己：在清华，我不孤单。同时，我也告诫自己：不忘初心，坚定梦想。在清华的八年到参加工作，我一直坚持参加无偿献血，总共献全血12次，累计献血量4200毫升。感恩的另一个同义词就是回报，我要用自己的点滴行动回报社会、回报祖国母亲。

1992年，我4岁，我家被洪水冲没了；2000年，我12岁，一年里连续动了三次手术；2008年，地震把我的家园变成废墟；2009年，我母亲因为脑癌去世。仔细想想，我能活到今天确实不容易。但是，我忘不了小时候在煤油灯下写作业的场景，我忘不了母亲去世前卧在病床上给我说的那句话："老大，要好好珍惜在清华学习的机会，将来要为党和国家多做贡献。"我母亲没有读过什么书，但是她说的这句话永远刻在了我的脑子里。一辈子很短暂，你看两弹元勋邓稼先把一生奉献给了祖国；你看一二·九运动的前辈们用生命为我们开创了光明的道路。有时候，我多想活在那个时代，活在那个可以洒热血抛头颅的时代。尽管时代变了，我们仍然可以做很多的事情，我可以和战友们一起去西部支教，奉献教育；我可以和同学们在学校一起工作服务同学，传播思想，靠谱地热爱中国；我可以回到家乡四川，以已故的兰辉叔叔为榜样做一名好干部，为家乡多做贡献。2016年4月，李克强总理来到清华，我很荣幸向总理汇报了我毕业后的选择，他勉励我们要为追求社会的公平正义、包容发展多做贡献，让更多的人过上好日子。正如总理所讲，我们能为这个社会做的事情还有很多。

心怀感恩，我始终相信坚持努力奋斗的意义。汶川特大地震至今十年里，在清华，我怀着感恩的心，坚持做着力所能及的事情，我获得了包括大学生自强之星标兵、北京青年五四奖章等6项省部级以上荣誉，清华大学研究生特等奖学金、清华大学学生年度新闻人物等17项校级荣誉，还有院级及其他10余项荣誉。然而，面对荣誉，我都不忘提醒我是谁：我是一名来自灾区的学生，我要在成长中不断磨炼自己，更好地报效祖国！

心怀感恩，始终相信未来会更加美好。我把我的名字"佳明"理解为"美好的明天"，因为历经了地震、受教于清华，我得到了太多的帮助和关爱，我没有理由不相信明天会更加美好！我相信在接下来的日子里我可能还会遇到各种各样的困难，但是那又如何？熬一熬就会过去。

我一直坚信，这世界存在许多朴素的感情和简单的感动，总会在不经意间，给我心灵深深的一击。我喜欢这样的纯粹和明亮，这不仅仅可以温暖别人，也可以安顿自己的灵魂。

我必须坚强，必须去承担应有的责任和义务。2008年地震后，我有幸从北川到清华上学；2012年本科毕业后，我选择到西藏支教一年；2013年，我再回到清华读研；转眼间，研究生已经毕业了，我选择回到家乡四川工作。我希望点燃爱心接力的火把，把我所得到的温暖和爱传递下去。作为一名来自灾区的学生，我一直视感恩为一种人生态度。我的人生路还很长，我会一如既往地把感恩化作我学习、工作的动力，踏踏实实做人，扎扎实实做事，我要做一个正直、有担当、勇于奉献、向上向善的好青年！

那是我人生中最长的一天一夜。那一天，那一夜，泪水一直没有停过。看到一贝贝同学的遗体被抬走，想到废墟下还有不少同学……

王佳明想起当时的场景，双眼又一次湿润了。

大家一定要互相帮助，确保安全抵达绵阳！

老师还在救灾，现在我们就是临时班主任！

天亮后，王佳明、申龙开始组织大家向绵阳转移。

　　当天下午，同学们终于在绵阳市九州体育馆会合。这时，王佳明、申龙又组织近10名同学组成了志愿者服务队，帮助搬运救灾物资，安置转移过来的受灾群众。

张强的志愿（2011-11-01）

张强　20:11:47

请问一下谁是党员啊？能做下我的入党介绍人吗？

张博　20:12:23

最好找你学校的人，不在你旁边的做介绍人，没法填入党申请表。

张强　20:17:49

貌似有点麻烦啊！

张博　20:18:28

是的，到时候要填写入党申请表，你去找你们领导询问如何写嘛。

解疑答难（2011-11-08）

惟愿安好（1558998154）　17:18:20

同学们，你们说和同学发生矛盾了，怎么办？

惟愿安好（1558998154）　17:19:44

说话啊。

惟愿安好（1558998154）　17:20:09

帮帮忙！！

惟愿安好（1558998154）　17:21:11

有人吗？

梁强　19:57:36

如果是小打小闹，不要紧，同学之间，要相互包容，过段时间自己就好了；如果发展到打架斗殴就严重了。

何翠青　20:50:26

我觉得吧，问题说开了就没什么了。要学会理性处理问题。

惟愿安好（1558998154）　21:27:02

嗯，谢谢。

珍惜生命——陈浩的事（2011-12-01）

张老师　15:39:55

上周和廖老师、陈老师去看了陈浩，现无大碍，正蠢蠢欲动要出院呢。

张老师　15:41:21

他的手术费问题因大家的捐助据说已经解决了，同学们不要担心。

李阳　15:44:47

好人一生平安，祝福他。

张老师　15:49:36

　　小子命大，又捡回来一条命。

梁强　18:06:03

　　又捡回一条命，未来要倍加珍惜才是。

QQ号被盗（2012-07-30）

张老师　10:48:54

　　各位同学，我们这个群可能被人盗用，我有意关闭此群，同意否？张老师。

陈娴静老师　10:49:43

　　要不重新开个群？

张老师　10:50:26

　　也是哈。

陈娴静老师　10:51:07

　　可能有些同学的QQ号也换了。

梁强　12:17:19

　　有要在北京找工作的，可以联系我，有朋友介绍上《非你莫属》。

贾孝龙　12:18:08

　　我在，强哥。

张博　13:34:01

　　能行？

任艳老师　14:00:35

　　上《非你莫属》？

杨琳　14:15:53

　　梁强好久有空哦，给我介绍工作？

梁强　11:31:36

　　谁真要上就和我联系哈，要是在北京的哈。

杨琳　12:13:39

　　哦，贾孝龙要去。

马健　12:47:45

　　我要去。

杨琳　13:14:30

　　没毕业的不准去！

何亚军的学习还可以（2012-08-29）

贾孝龙　12:12:55

　　你现在上初二？

何亚军　12:13:17

　　马上初三了。

贾孝龙　12:13:42

　　这么快，成绩肯定很好吧？

何亚军　12:13:51

　　嘿嘿，还可以。

贾孝龙　12:14:19

　　你今年多大？

何亚军　12:14:35

　　十五。

贾孝龙　12:15:28

　　我大你五岁呀。

何亚军　12:15:35

　　嘿嘿。

贾孝龙　12:15:45

　　小妹妹。

何亚军　12:15:51

　　嘿。

何亚军　12:15:53

　　嘿。

贾孝龙　12:51:55

　　刚才出警了。

何亚军　12:52:06

　　哦。

何亚军　12:52:41

　　嘿嘿，刚子哥。

刘刚　12:53:15

　　你还没开学啊?

何亚军　12:53:22

　　嗯啊。

刘刚　12:53:44

　　好久啊?

何亚军　12:54:06

　　三十一号。

刘刚　12:55:25

　　哦，你不是初三了的蛮，都不补课啊?

何亚军　12:55:40

　　不啊，我们学校不补课。

何亚军　12:55:50

　　只有我们学校。

刘刚　12:57:33

　　你们啥学校啊，永昌中学?

何亚军　12:57:39

　　啊。

何亚军　12:57:57

　　我们上学期就上了一部分初三的。

刘刚　12:59:43

　　哦哦。

记录：我的十年成长·何亚军

一生中最重要的十年

似乎不经意间，汶川特大地震已经过去了十年。

时光看似无情，我没有一点准备，它就把我推进了这个复杂的社会中。实际上，它是有情的，世界上的许多事物经过它的打磨而显得更加珍贵，许多的情感在它的沉淀中也更加美丽，更让人懂得珍惜。

十年，真的很长，足以让一个天真调皮的小孩成长为一个稳重有担当的大人。而我在这十年中收获到的种种，是让我一生都受益的。在医院治疗时，我得到了许多许多人的关爱：2008年5月17日晚上，等候我们这批伤者至凌晨的重庆第十三人民医院的医生护士；拄着拐杖来给我50元钱的80岁的奶奶；下着雨转了三趟公交车来给我送鸡汤的那

对老夫妇；每天准时来给我上课的四川外国语大学的几个哥哥姐姐；一直资助我们到现在的重庆的侯婆婆……这些人无一不让我感动。我会永远铭记，感激一生。

　　一年的治疗之后，我回到学校，因为一直没上课，导致我完全跟不上学习的进度。后来在老师的劝说下，我选择了留级，直到现在我都认为这是自己做过的最好的选择。留级后的我，成绩名列前茅，也交到了好多知心朋友，在学校的生活也很顺心，学习有了很大的动力；我还积极地参加各种活动；同学们也都喜欢、尊重我，甚至有几份友情持续到了现在，让我倍感珍贵。回学校后的生活如此顺利，是我意料之外的，我也无比珍惜这段时光，它会陪伴我的一生。

　　很快，小学生活在老师和同学们的祝福中结束了。那个无忧无虑的暑假里，我跟着抗震救灾英雄少年、优秀少年的队伍去了上海——那个我一直向往的城市。那儿的一切都是新颖的，让我的内心久久不能平静。在上海的那几天，我们去参观了世博园区、东方明珠，去了外滩乘坐游轮。那几天的我期待每一次出行，每一次领略，每一次不舍。为期5天的活动在浓浓的不舍中结束了，回家后，我的心才平静下来。我也在心里暗暗想着以后一定要去上海上大学。

　　暑假匆匆过去了，我正式成了一名初中生。我的成绩依然名列前茅，受到了老师的重视，我也主动担起了班长的职务，和同学们一起进步。初中生活是很开心的，没有压力，朋友也是最多的。新的北川县城已经建成，我们很快住进了新家，享受着喜悦。虽然在那期间我叛逆过，做过一些傻事，但是父母的宽容、老师的劝导让我深深意识到自己的错误，我很快改正过来。中考时，我更是取得了一个好成绩，顺利地进入了喜欢的高中学习。而那些友情也经受住时间的考验，成为我生活中不可缺少的部分。我感激所有的亲人朋友以及帮助过我的人们，没有他们就没有今天的我。

　　高中生活大部分时候是压抑痛苦的，我的成绩也不再像之前那样优异，有时候真的会感到茫然和无助。可是我身边的一切、回忆中的一切让我明白这些根本不算什么，再艰难困苦的时候都过来了。

　　高考发挥失常，去了一个上海普通的大学。我并不懊悔，人生就是要不断前进，我相信自己还会取得更好的成绩，属于我的辉煌还在等着我。高考结束之后我去了很多的地方，长见识，开眼界，领略当地的风景人文，我知道我这一生还需要更多的奋斗，不能太过于平庸。

　　这个十年，是我人生中最重要的十年，我所经历的一切都会让我受益无穷。

记忆：那个特殊时刻·何亚军

地震发生后，何亚军和两名女同学在废墟下相互鼓励。

左边的同学牛钰发出微弱的声音。

何亚军回忆说，在废墟里，最渴望的东西就是水。

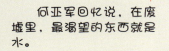

别说饮料，要有矿泉水我就满足了。

相信我们很快就能出去了！！

在寂静而可怕的黑暗中，何亚军和牛钰曾经几度昏迷，醒来后就互相鼓劲。

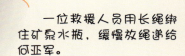

被埋19个小时后，她们被救援人员发现。

一位救援人员用长绳绑住矿泉水瓶，缓慢放绳递给何亚军。

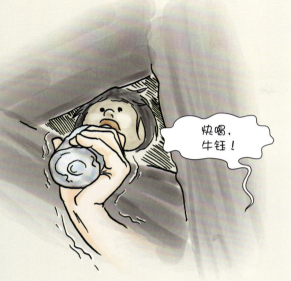

快喝，
牛钰！

由于何亚军和牛钰恰好是背对背，而牛钰又被深埋在何亚军斜下方一米多处，她只能往后伸出手臂，拼命后仰倾倒矿泉水："快喝，牛钰！"身体后仰使压着的腿很疼，但她还是不断地给同学喂水。在被救援的50个小时里，她给同学喂水120多次。

何亚军和牛钰同时获救。由于长时间挤压摩擦，导致何亚军的右小腿皮肤坏死，严重感染，在送往绵阳时，医务人员建议截肢。经过与第三军医大学专家会诊后，决定为何亚军的腿部实施"减压"手术，清除坏死组织。

感　谢！

北川曲山小学　何亚军

在医院，她主动要了一张白纸，写上两个大字："感谢！"她说，"感谢从废墟中救我的叔叔。"

杨琳　17:40:59
　　这个啊，挺正常的。

杨琳　17:41:26
　　也有人那样叫过我。

何亚军　17:41:32
　　我都要崩溃了。

何亚军　17:41:36
　　哈哈哈哈！

杨琳　17:44:16
　　我们家这几天好无聊哦。

何亚军　17:44:45
　　我也无聊啊！

杨琳　17:45:11
　　我好想看一下你们长变没——

张老师　17:45:17
　　考上也不给张老师汇报下。

何亚军　17:46:14
　　哈哈哈哈，看我照片吗？

何亚军　17:46:17
　　空间里。

杨琳　17:46:30
　　很抱歉，张老师请谅解。

杨琳　17:49:14
　　我这暑假在打工、贷款、考驾校、看老师。你们
　　是我最重要的朋友，所以放在最后了啊！

何亚军　17:49:51
　　嘿，都感动了。

杨琳　17:50:10
　　张老师，原谅我啊！

杨琳　17:52:25
　　你们好久来我家吃饭哦？

何亚军　17:52:37
　　好远。

杨琳　17:53:28
　　我都要开学了，你们还不能满足我的心愿！

何亚军　17:53:42
　　我也要开学了。

杨琳　17:55:02
　　就是噻，快来我家耍一下噻。

何亚军　17:55:29
　　后天就开学了，东西还没准备。

杨琳　17:57:31
　　唉呀呀！等我把驾驶证拿到，我去挨家挨户接你
　　们来我家吃饭。

何亚军　17:57:51
　　好的，等到那时候给我电话吧。

杨琳　17:59:21
　　亚军你开学了，那你好好学习哈，改天请你吃
　　饭。

何亚军　17:59:41
　　嗯嗯，好的好的，那我等着。

杨琳　18:03:12
　　嗯嗯，好的。初三还是很辛苦的，亚军你要照顾
　　好自己哈。

何亚军　18:03:22
　　嗯，好的。

阳光少年成长记

在此能有一个难得的机会来讲述自己的成长经历，非常感谢张老师。

我是一个来自大山深处的阳光少年，家住农村，虽然交通不便但是环境非常好。父母是地地道道的农民，爸爸有时出门打工，家里还有一个妹妹，现在成都上班。

我毕业于2011年，这是我高中时期和同宿舍同学的合影

　　2011年9月我来到山东潍坊就读山东海事大学，学习轮机专业。在校期间做过多份兼职，和同学承包过快递业务，每天过得还挺充实。由于承包快递业务，我在大学城的人缘蛮不错的。2014年毕业后，在上海振华海运集团有限公司做船员，在本专业做了两个自然年，去过美国、加拿大、日本、新加坡、哥伦比亚和中国台湾。做船员的两年时间我的成长最快，我见识了国外的一些新鲜事物，同时也发现美国人的幽默、日本人的谨慎，认识到自己的不足之处。在和外国人打交道的过程中，我也体会到了作为一名中国人的自豪感。每当公司的船只接近国外码头的那一刻，我们就是他们的码头，甚至是当地的焦点。我能感觉到外国人的热情。

在加拿大过鬼节时所拍，热情的加拿大人和我

抵达加拿大的当天就受到当地电视台的关注（屏幕中的船就是我们的船）

美国的一座大桥，据说这座大桥是由中国工程师设计的

加拿大节日，每家每户的门口都是这样装饰的

加拿大的一所名宅

加拿大的商品店面

我的海员生涯结束后，2017年初受同学邀请来到天津，加入金融行业。来到新的公司、接触新的环境、新的业务，刚开始还是蛮不适应的。经过努力学习后，收获不少，从中学到了很多东西，同时感觉自己成长了不少。

在天津的生活照

2008年到现在已有十年的光景了，不知远方的你们还好吗？

岁月的变迁，我们联系少了，但是我相信每个人都记得彼此。

精彩的，是岁月。

没有工具，就只能用手挖，手划破了，流血了，依旧挖个不停。

在他们的不懈努力下，两个同学终于露出了头部。他们加紧清除周围的碎石残砖，使两位同学能够呼吸到新鲜空气。

大家用尽全力，将压在同学身上的水泥板抬起来，两名同学被成功救出。

纪实：十年成长大家聊·之六

熊弼臣入伍求指点，也不知道那些语气词是啥意思（2012-09-14）

熊弼臣　19:05:21

嘎嘎！

熊弼臣　19:05:34

有没有人在啊？

熊弼臣　19:06:53

这么久不见了，大家都还好吗？

何亚军　19:07:23

好哦。

熊弼臣　19:07:46

嘎嘎，那就好那就好，嘎嘎！

何亚军　19:08:08

嘿嘿，吼吼！

熊弼臣　19:08:59

我要去当兵，有木有哪位帅哥，能给个明灯？

张春玲与贾孝龙交流（2012-12-29）

贾孝龙　12:56:24

好的，是高中还是大学？

张春玲　12:56:25

你现在工作了吗？

张春玲　12:56:36

高中呢。

贾孝龙　12:57:11

对呀！当兵都第四年了。

张春玲　12:58:16

一定是干部吧？

张春玲　12:58:56

你以后就在北京那里发展吗？要回来不？

贾孝龙　13:00:09

没有，是班长，以后还要回家呀。

张春玲　13:01:06

呀！班长也很好。

记录：我的十年成长·何翠青

我的十年，浓墨重彩的一笔

2008年到2018年，十年，我们长大了，我们正在成长着……

在成长的路途中，十年略短；但在我们有生之年，十年又很长。这十年的成长在我人生中留下了浓墨重彩的一笔：十年前有失去和痛苦，苦难和泪水；十年后有得到和喜悦，幸福和笑颜。

已把回忆封锁，愿永远不再提及，但心知感恩，我选择直面内心的伤痛，告诉还关心我的人：我一切很好。

一方有难，八方支援

地震时宿舍楼垮塌，在废墟下掩埋56个小时后，我被解放军叔叔救了出来。很幸运，我还活着。

2008年

追梦女孩，右腿截肢

几经周转的治疗，因为掩埋时间过长导致肌肉坏死严重，不得已做了右腿的截肢手术。因为灾区药品不足，受伤严重的人被转到全国各地，我也转院到了深圳。医疗条件变好了，大大小小的手术做了很多次，医生们保住了我的左腿。左手和左腿神经损伤及全身多处骨折，躺在床上只有头部能轻轻转动。治疗期间，有很多不知名的好心人来为我加油鼓劲。长达半年多的康复和训练之后，我终于能够重新站立。

地震虽然能掩埋我们的肉体，但掩埋不住我们的灵魂。

克服恐惧，重返课堂

学校在地震后搭建了临时板房校区，重返课堂意味着全部从零开始，新同学、新老师。我有一些害怕，害怕课业跟不上，害怕被孤立，害怕脱下义肢被人嘲笑。然而，这都是我的猜想，因为入学后我得到了同学们无微不至的照顾，食堂、教室、宿舍，每天三点一线都有人陪着我。虽然学校偶有余震和停电令我害怕，但时间长了也就没有那么怕了。

异地求学，一波三折

地震之后，一位山东的好心人一直通过各种途径联系我，希望我去他那里上学，一切都为我安排好。几位在医院曾帮助过我的好心人也建议我应该去接受更好的教育，所以我毅然决定去山东求学。但到了山东后出了一些变故，暂停学业半年。因为想进学校学习，渴望有同学、有老师，叔叔后将我送去培训机构学习速录技能，当时校长免去了我两年的学费。

因为茫然，所以努力

刚进入学校，不知道速录是什么东西，也不知道以后能干什么，只知道学习机会很少，我应该努力才是，不能抱怨。随着个子长高，每年都需要更换假肢，长时间医院治疗让我跟不上同一批同学的学习进度，只能跟上后一批同学的进度。对于学习速录我也不是那种很有天赋的人，所以我每天都在追赶当中，但是我很享受这种学习的欢乐。在新的环境里，也结交了一群欢乐的朋友、闺蜜。

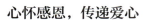

心怀感恩，传递爱心

报名参加了当地的社会公益组织，每周日会尽可能去敬老院或者儿童福利院看望老人和照顾儿童。为老人打扫房间，给他们唱歌，陪他们下下棋打打牌，做健身操，听他们讲年轻时候的故事。这是一件非常有意义的事情。从那时候开始，我坚持不管到哪里，都思考如何帮助到人，把收到的爱转化成行动，让这种爱继续传递下去，感染更多的人。

深受鼓舞，坚定前行

在学校的最后一年，我的速录水平达到了工作的要求，学校也会经常安排一些实习机会。有一次实习是在济南，为山东省残联第六届主席团会议及其他系列会议做现场文字直播。

大会正式开始，我们对发言人讲的每一句话即时翻译打出文字，投影在主席台两侧的LED屏上。我发现在LED屏的下方有一名手语老师也正在做现场翻译，后面还发现某些领导人的发言稿都是别人代读，当时觉得很纳闷，后来才知道原来当天参会的人员绝大多数都是聋哑人。现场的声音、手语和文字，给了他们多种选择，让他们用自己的方式知道这场大会的所有信息。

大会结束后，很多聋哑人过来跟我们打招呼，用手语表示钦佩以及感谢。当时很懊悔自己不会手语，不然可以跟他们进行更多的交流。三天会议时间，参会人员都知道速录师这个职业，我们所到之处也受到了很多表扬和感谢。也因为这一次，我为自己所学习的知识感到自豪，作为一名残疾人能够为更多的残疾人提供服务，真的特别幸运。他们的坚强和乐观也感染了我，我会一直向前走。

职场菜鸟，厚积薄发

我毕业啦，速录水平能够胜任工作要求，过上了每天接到各种任务背着电脑和速录机前往会场或者在办公室做网络文字直播的生活。这样的日子忙碌而又充实。经过一年的磨炼，我成为一名真正的高级速录师。

2014年

公司在重庆设立分部，我被调配到了重庆工作。初期开拓市场，工作紧，任务重，几乎每次会议都是现场大屏幕投影，对速录师水平要求极高，记录准确率至少要达到99%。很幸运，通过考核，我得到了很多院校领导和同学们的热烈欢迎，大家也因此了解了这个行业并认可它的价值。

因为高级速录师在我们国家还很紧缺，慢慢地，我走上了讲台，将自己学过的所有专业知识尽数教给学生，为国家培养更多更优秀的高级速录师。

这一年的成长大事就是，我成了一名速录教师。

2015年

2016年

赠人玫瑰，手有余香

除了完成速录任务外，我还有一项重大的任务，接手集训两个合作院校一批零基础的学生，争取代表重庆去参加全国职业院校技能大赛。集训时间只有三个月，接到任务之后，每天思考最多的就是如何给学生训练，用什么方法训练，有没有更好的方法和技巧让她们更快掌握速录技能。那段时间晚上总是做梦，梦见学生集训。训练的强度慢慢加大，学生们每天也很辛苦。要参加全国技能大赛，每个省市得先进行初赛选拔，很幸运，我所集训的学生获得了重庆市的一等奖，也就获得了参加全国职业院校技能大赛的资格。接下来是更密集、更辛苦的集训。

5月，赛事在天津举办。很感恩学生的努力，我们仅用了三个月的时间，从零基础学习到获得了全国二等奖，这也是重庆地区院校在速录赛事上获得的首个全国二等奖。

10月，我带领8名学生参加"第四届全国文秘速录大赛暨通往柏林中国资格赛"，斩获了"团体一等奖"2个，单项奖多个。

这一年，我荣获"最佳指导教师奖"，收到了大赛裁判聘书。感恩学生带给我的荣誉，感谢在我发奋努力的年纪遇到了一群好学上进的她们，也很感谢自己。

2017年

"2017"努力，"2017"幸运，大满贯！

除了职位的上升，不变的依然是我们短时间的培训获得奖项大满贯。"2017年全国职业院校技能大赛"，我所带领合作的院校全部获奖，赢得了全国各地院校的赞赏。

9月22日，我带领一批新的学员征战"2017年重庆市秘书·速录职业技能大赛"，她们取得了优异的成绩！

何翠青在废墟中被埋三天后获救。地震中，她本可以安全逃出，因为她平常有个习惯，午休时总会提前起床。地震发生时，她已经走出寝室，她忽然感到脚下猛烈晃动起来。"地震了！"何翠青赶紧往外跑。

没跑几步，她突然想到寝室内还有14位姐妹在午休，得赶紧去叫醒她们。

何翠青毫不犹豫地回转身，一边跑一边喊："地震了！地震了！"午休的同学听到后赶紧下床往外跑。

地震了！
地震了！

没等她们跑出多远，在一阵摇晃中，学生宿舍楼轰然倒塌。何翠青和同宿舍的姐妹被压在废墟下。

她们互相鼓励着，约定要好好活下去，并轮流呼救以保存体力。三天后，何翠青终于被救了出来。当天晚上，她接受紧急救治。不过，由于被埋时间太长，右小腿已发生坏死，被迫做了截肢手术。何翠青"把希望留给别人，把危险留给自己"的精神，深深感动了全校师生。

王佳明与张春玲的谈话（2013-04-22，王佳明在西藏支教）

张春玲　23:24:16

　　你呢？

张春玲　23:24:39

　　我们大家好像都离得很远呀。

张春玲　23:27:18

　　佳明哥哥，是在北京吧？

张春玲　23:27:26

　　也挺忙吧？

王佳明　23:27:36

　　我在拉萨呢。

王佳明　23:28:00

　　七月才回北京开始新的生活。

张春玲　23:29:20

　　哦，那边环境不是太好吧，佳明哥哥要注意照顾好自己。

王佳明　23:31:18

　　这边环境不是很好，基础条件差，所以更有发展和施展的空间啊，更需要人来做点事情！

张春玲　23:32:12

　　哦，你在那边去了多久了？

张春玲　23:32:24

　　以后也到那边去工作吗？

王佳明　23:33:26

　　快一年了。

张春玲　23:34:02

　　哦，那自己觉得那边可以吗？

王佳明　23:34:11

　　我会认真考虑这件事情的……

王佳明　23:34:13

　　呵呵。

张春玲　23:35:09

　　我觉得你最好还是回到环境好点的地方工作。

张春玲　23:36:45

　　毕竟嘛，那边环境不好，你会受不了的。

王佳明　23:37:01

　　呵呵……这些事情还有思考的时间和空间哈……我不愿平庸地过一辈子，我希望尽我之力能做些什么事情。

张春玲　23:39:04

　　知道，明白你的意思，但是我觉得从现实角度讲，你还是要考虑好……

芦山地震（2013-05-21）

965191669（965191669）　18:43:02

　　你们好！我叫饶林龙，退伍军人，现在是4·20雅安芦山志愿者，很高兴认识你们。

梁强　18:43:39

　　你好！

965191669（965191669）　18:44:13

　　你好！

高志军　18:57:22

　　你好！

965191669（965191669）　18:58:06

　　嗯，大家好！

高志军　18:58:25

　　你是——

965191669（965191669）　18:59:04

　　我是退伍军人，也是4·20雅安芦山志愿者。

高志军　18:59:36

　　是如何知道这个群的啊？

965191669（965191669）　19:00:33

　　我们是爱心图书室的，我在看《我们在成长》，上面写有你们的群号。

高志军　19:02:05

　　哦，原来如此。

高志军　19:02:22

　　你是做什么的？方便说吗？

965191669（965191669）　19:02:23

　　呵呵，你们不会介意我加入你们群吧？

965191669（965191669）　19:02:46

　　这个是图片。

高志军　19:02:55

　　我不会介意。

965191669（965191669）　19:03:12

　　哦，谢谢。

965191669（965191669）　19:03:45

　　这个是我们志愿者自己建立起来的爱心图书室。

高志军　19:04:52

　　你是哪里的爱心图书室？

965191669（965191669）　19:05:13

　　雅安人办的。

965191669（965191669）　19:05:40

　　我们有十五个人。

高志军　19:06:37

　　你们那里现在还好吗？

965191669（965191669）　19:07:10

　　挺好的，没有什么了，现在就是陪小朋友玩。

高志军 19:08:36

　　做个朋友，不介意的话。

965191669（965191669） 19:08:47

　　嗯。

965191669（965191669） 19:08:54

　　谢谢。

高志军 19:09:10

　　我姓高。

965191669（965191669） 19:09:29

　　我叫饶林龙。

965191669（965191669） 19:09:38

　　退伍军人。

965191669（965191669） 19:10:03

　　四川内江的。

高志军 19:10:17

　　四川绵阳的。

965191669（965191669） 19:10:28

　　嗯。

965191669（965191669） 19:11:31

　　看了你们的日记挺感人的。

张老师组织抗震分享会（2013-05-22）

张老师 8:38:40

　　饶林龙，你好。

张老师 8:40:13

　　你们的图书室有多少书呢？如果方便，我可以动
员一些人送一点过去。

张老师 8:42:48

　　如果你组织孩子够多，可以联系我们的同学过去
跟他们分享一下抗震的体会。梁强、卿静文、阳
玉洁、杨琳、林浩等都是做思想工作的高手。

张老师 8:43:22

　　另外，王佳明据说七月会从西藏回来。

965191669（965191669） 9:08:32

　　谢谢。

记录：我的十年成长·康　洁

这十年

　　这是十年前的照片。地震后的第二天身上穿的厚衣服都是别人的。我的脚面临着被截肢的危险。那时我还小，不懂得失去一条腿会意味着什么，也根本不在意，我只想看父亲最后一眼哪怕是尸体……最后很幸运，我保住了腿。记得当时在省医院，医生都准备让护士推我去手术室截肢了，那时我想起了爸爸离去时的样子，还有远在灾区生死不明的妈妈，不知为什么，我唱起了歌。医生被我感动了，决定无论如何都要保住我的腿，那场手术也是当时参与的医生最多的一台手术！我今生永远都不会忘记那一切，家没了，亲人没了，同学没了，那种刻骨铭心的感受！

初中时的我

　　记得那时候，自己完全从地震的阴影中走不出来，想起过世的至亲，想念不在身边的妈妈，感觉自己就像是一根草随风飘荡。这三年，感恩陪伴着我的朋友，特别是叶子贤，正是因为你从六年级到现在一直像精灵般守护着我，我才能变成现在的自己。每年的5·12那天，你都会发条微信告诉我：你一直陪伴在我左右……感谢能够在最美好的年纪，认识最可贵的你。

高中时的我

　　高中，这个词汇对我来说很恐惧，也很幸福。恐惧的是每天做不完的作业，看不完的书，听不完的课，但我依旧可以苦中作乐，把心态调节得特别好。可能是因为我妈妈的缘故，她每天风雨无阻把我最爱吃的饭菜送到学校门口。有几次下着雨，我吃完后匆匆离开赶着去上课，看着妈妈，妈妈也在看着我，我偷偷哭了。那时候才发现自己多么幸福，我学会了惜福。

大学时的我

经过了高考，有过迷茫，有过低落，我来到了上海读大学。这四年收获了许多，面对英语的考级，真的让人欢喜让人忧，这时我明白了付出总会有回报的。我想多努力一下，不想未来的自己后悔。

现在的我

现在的我快面临实习了，少了份十年前的稚气，多了份对未来的渴望和向上的冲劲。我想实现十年前给自己定的人生目标，我受到了许多人的帮助，我也想把这份爱传递下去，想要通过自己的努力未来建立一个福利院，努力工作，让身边所有人都可以开开心心的。

事业对于现在的我来说是最重要的。既然想通过自己的努力创造价值，体现自己的存在感，就必须努力工作，这样才有能力去帮助更多的人，从而实现自己的人生目标。

至于爱情，我信奉一切随缘。相信爱情，更相信自己会遇见一个对的他，共度一生，我想要的是相濡以沫的爱情。倘若心中充满爱，那么处处都会发现爱的痕迹。有时候，把一个人默默地放在心底，也会是一种幸福呢！

我的"老爸"

这十年来我遇见的最重要的人，未来他也会是我生命中最重要的人，感恩他如此宠爱我，我才有幸当个小公主！

他是我"老爸"，我们的缘分说来也是奇妙，他是在美国看到关于我的新闻后经过几番周折才找到我……第一次见面时，他捧着鲜花在机场等了我很久。当见到我时他含着泪抱住我，那一抱仿佛老天在告诉我，今后他就是我"老爸"，他会接替我的爸爸来好好爱我……他曾经写过一首歌给我，名为《彩虹》，他曾说是彩虹将我带到他的身边。可是老爸，每当我看见您拖着疲惫的身躯回到家，我却无能为力的时候，我是多么难受，我只想您能够开开心心、健健康康。十年过去了，您教会我做人，告诉我人世间的悲欢离合，更重要的是您给了我父爱，给了我留在您身边的机会。老爸，其实我一直都知道无论发生什么，您都会坚定地站在我身后保护着我，无条件支持我。

时光时光慢些吧，不要再让您变老了，我愿用我一切换您岁月长流……

我的妈妈

　　我的妈妈是一个很坚强的女人，很善良，从小到大她对我说的最多的话就是：知恩，感恩，报恩！不得不说，我也是深受启发并且也会这样去做。我总是不懂事，闯一些祸，妈妈总是会黑着脸教育我，也会秉承着"黄荆条子下出好人"来教训我下次一定不可以再做这样的事情。曾经妈妈就是我的救命稻草，我总想紧紧抓住她，现在才明白原来我也会离开妈妈去追寻自己的天空。庆幸能成为您的女儿，不论未来的路多么难走，妈妈，我长大了，我保护您！

我想对十年后的自己说

　　又是一个十年过去了，现在应该是2028年了吧，我应该结婚了，拥有一份真爱，一个活泼可爱的宝宝，一个幸福美满的家庭，最重要的是有一个爱我的老公，家里人都能健健康康的！

　　这十年好好努力，不负众望，慢慢完成自己的梦想，做一个Super woman，不管这十年会多么难，多么苦，我都会咬牙坚持，不想给自己的人生留下任何遗憾。更要珍惜一切，善待身边的所有，不管做什么事情都要怀着善心！

　　Yes，I can！Yes，I will！

轰！
轰！

地震发生时，康洁和同学们正在六楼的教室里上课。

与其被砸死在教室里，还不如跳楼，或许还有生的希望。

就在教学楼即将倒塌的瞬间，她选择了跳楼逃生。

哗
哗

教学楼前面是操场，后面是菜地，经过短暂的权衡，康洁选择从后面跳楼。

"操场上是水泥地，跳下去肯定会被摔死；菜地里都是黄土泥巴，跳下去还有一点希望。"康洁从楼上跳下去时，还想着让屁股先着地。湿软的菜地救了康洁，她只有腿被划伤。这真是个奇迹！

有人需要帮忙吗？

刚刚跳下来，房子就塌了，很多老师都被压住。康洁冲进倒塌的教学楼，奋力搜救被困的老师和同学。在救援人员的带领下，师生们转移到了安全地带。

我经常上网学灾难中的救援知识，在灾难面前我们要冷静和勇敢！

聪明勇敢的康洁用自己的实际行动深深打动了每一个人。

纪实：十年成长大家聊·之八

王佳明很忙（2013-05-22）

王佳明　9:38:31

　　大家最近可好啊？

张老师　9:42:24

　　你见过余老师没有？

张老师　9:42:45

　　佳明？

王佳明　9:42:49

　　我过一段时间再去。

王佳明　9:42:54

　　6月中下旬去。

张老师　9:43:18

　　哦。

王佳明　9:43:22

　　这一段时间事情多。要出去给拉萨各个高中的学生做心理辅导讲座。

王佳明　9:43:44

　　我这周有7个讲座。

张老师　9:44:22

　　你威武哈。

王佳明　9:45:38

　　哈哈！很享受站在讲台上的每一分钟。

张老师　9:46:36

　　你毕业后想做老师？

张老师　9:46:44

　　不会吧。

王佳明　9:47:23

　　现在只要有这个机会就得好好珍惜哈。

王佳明　9:47:42

　　以后的工作还没有太确定。

张老师　9:48:43

　　回来见面吧，注意身体。

让阳光洒在自己脸上

　　你好，很高兴与你分享一段十年的故事，主人翁叫梁强，就是我，你好！

　　故事起点，先设在那个高一吧。

　　一个个子矮矮，皮肤黝黑黝黑，一看就是个闷头小呆瓜的傻小子，早上六点多，就出现在了学校门口。穿着整齐的全套校服，8个包子，一杯豆浆，进入学校，这么早？干吗呢？

　　劳动委员，早去为了给同学们开门，外加打扫卫生，为啥？大家来得晚，怕检查卫生时打扫不完，大家又都不爱擦瓷砖，就自己先干。

　　中午放学，铃声一响，又是那个傻小子，个矮人小，人群中穿得可快了，抢饭这么着急？看来饿坏了……跟上去吧，其实不是。

　　中午时间，在学校旁餐厅找了份杂工，能免费吃午饭，晚餐也如此。看他招呼客人，端盘洗碗，可伶俐了，老板可喜欢了，收钱的活儿也放心交给他。

晚自习下课，熄灯关门，抱着个绿色小猪猪充电小台灯（好不容易狠下心让妈妈买的）跑回寝室，洗漱，开台灯，用被子捂得紧紧的，怕宿管阿姨看到，也怕影响室友睡觉，有点闷，能坚持，抓紧看书学习，也许能超别人一步……

这才高一上学期，从山里来到县城最好的高中上学，也算慢慢适应了。学习成绩虽然在山里是全校第三；但进入高中，直接是四百多名；第一次期中考试，上升到三百多名；期末考试就上升到了二百多名，然后就是高一下学期了。

高一下学期期中考试上了一百多名，好开心呀！虽然一样的累，一样的穷到营养不良进医院，一样的憨憨的样子被同学欺负，但我还是感觉阳光一直洒在我的脸上，兴奋，开心……给自己的目标是，高一学期末，上前一百名。

但就在这节骨眼上，5·12汶川特大地震突然来袭，让整个城市满目疮痍，也让我原本既定的生活轨道，发生了大改变。

那一刻的地动山摇，为我之前的生活直接画了个大句号。还记得，那时从市中心的高中

校园冲出去，跑了十多里飞奔初中校园时，我都没想过该怎么回去，回到本有的梦想轨迹中，那时心中只有各种牵挂。正因如此，五天四夜的救援，我扛了下来，最后累瘫了。

大灾过后，幸获殊荣，因而也得到了各种关怀，有了较好的环境，较好的条件，也上了一所好的大学，也许是因祸得福吧！但不管怎样，生者自强！

大学里，我似乎放飞了自我，虽然是从小城市去了更大的城市，但我还是对自己充满了自信。我要鼓起勇气，努力自强！

为了提升自己，我总是参加各类社团组织活动，后来同时担任了两个校级社团社长，还有辅导员助理、班长，还管理一个学生党支部。最后，大学毕业了，我发现自己在大学里收获最大的是"三观"。

这一点也是在毕业多年后的今天才明白的。因为总会有人问你，大学学什么专业的呀？你现在工作不对口，大学不是白读了吗？上好的大学，好的专业，有什么用呀？哈

哈，上大学，给我的不仅仅是专业知识，更多的是思维模式，而好的大学，能给我一个好的人文环境，端正我的"三观"，所以我非常感谢我的母校——四川大学，让我这个山沟里的傻小子，有了丰富的思想，让我有了内在的魅力！

大家常说校园生活是"回不去的最美丽"。其实这句话对好多人来说，真是如此，但对我来说不是这样！

离开校园，到社会上打拼，确实会有很多坎坷和无奈，但也是成长的过程。是积极面对还是消极地被生活推着走？取决于你自己。我就是喜欢迎着风雨前行。

大学毕业后，我有几天因为没有发工资，三天就只吃了两个馒头；也曾经因为工作过于努力而劳累过度就医。如今，为了磨炼自己，我成为了一名"北漂"。有人问我哪儿来的，之前在哪儿工作，当我说成都时，他们都会疑惑我为何来做"北漂"，何必呢，成都多好呀！但对我来说，我还需要更多的提升，还需要多走走看看闯闯，这才是我这个年龄应该去追寻的价值。

毕业第一年，离开大国企，与前辈一起，组建创业团队；

毕业第二年，创业失败，进入企业，成为管理者；

毕业第三年，出蜀北漂，不到一年，成为企业中层管理者。

这些年，是什么驱使着我努力前行？

是积极的生活态度，是自强的精神力量，是不羁的自我"放纵"。

无论过着怎样艰难的生活，无论身处怎样恶劣的环境，我总会给自己一缕阳光，给自己温暖和希望。面对任何风雨，一如既往，因为生活本来时刻都很美。

这，就是自强——梁强！

地震发生时，梁强在老师的组织下安全脱险。当听说初中母校向峨中学房屋严重坍塌时，他立即转身向那儿跑去。

他跑了10多里路，一个多小时后赶到向峨镇。

知道父母都安全，他急忙赶到向峨中学，去寻找自己的老师。梁强和大家一起，在学校废墟上用双手刨灰渣、搬砖块。听见废墟里传来呼救声，梁强马上跑过去安慰他们，鼓励他们，帮他们稳定情绪："要坚持住，马上就会有许多人来救你们。"

救援的武警官兵到达后，立即展开搜救。梁强主动去登记并协助辨认遇难师生遗体。一连五天，他一直守在操场上。

救援人员清理完废墟后，他又主动帮助搬运救灾物资，进行环境消毒，维护镇里的秩序。

现在分发食物了，大家按次序上来领取。

纪实：十年成长大家聊 · 之九

张老师的约定（2014-05-13）

张老师 10:29:23

各位同学，怎么样哦？报个平安。

张老师 10:31:19

我曾经跟大家约定过：等到十年的时候，再出一本书，叫作《我们长大啦》。不晓得搞得成不。

张老师 12:14:41

大家看看这些年，离自己的中国梦是不是近了一点？当然挫折是不少的哈。我在这里整理了一下，算是对六周年的一种纪念。

张老师 12:14:48

六年前，我策划这本《我们在长大——抗震救灾英雄少年成长记》的时候，就想了解一下他们将来想做什么，于是在书中就有了一个板块——"我的梦想"。不妨来看看他们有什么样的梦：

马健：成为一名环境保护者，保护我们共同的大地母亲。

王波：顺顺利利把大学读完，然后考公务员，好好为人民服务。

王亮：学好法律，将来做一名伸张正义的律师。

王佳明：争取保送读研究生，多读书；在环境事业方面，尽最大努力做贡献；培养奉献精神，帮

助更多需要帮助的人，如贫困学生、失学儿童等。

申龙：没有太大的抱负，只是希望做一个对社会有用的人，并尽我所能去帮助更多需要帮助的人。

杨琳：我喜欢军人，更喜欢军医。我从小便想当一名称职的军医，为人民服务，尽我的能力来感恩社会、报效祖国。

杨松尚：我想在南开大学好好读书多长才干，将来毕业后回到生我养我的家乡贡献我的青春和力量，造福家乡父老。

何翠青：我现在就要努力学习，为以后自己创业打好基础。我要报答关心我的人，还要回报社会，帮助更多需要帮助的人；我要让老爸老妈住最好的房子，让弟弟上最好的学校，接受更好的教育。

陈浩：我最大的梦想是成为一名职业篮球运动员，将来到美国NBA发展。

林浩：长大要当成功人士，简单地说就是要有自己的事业，这样才能帮助更多的需要帮助的人。

郑小鹏：我的梦想是当兵，当特种兵。

贾孝龙：作为一名首都消防战士，为了践行誓言，为了更好地服务人民，为了最大限度降低人

民财产损失，我要努力学习，不断提高自身素质，练就一身本领，做首都人民的保护神。

马小凤：完成大学学业，投身于工作当中，创造我的未来。

邓清清：上一所好的高中，让自己的人生少一点遗憾，多一些欢乐。

刘刚：努力学好自己的专业；在大学中利用课余时间多看书积累知识；多参加社会实践活动，锻炼自己的能力，顺利毕业；找份自己满意的工作；尽最大努力做好工作，帮助需要帮助的人。

许中政：我的梦想是当一名军人，保家卫国。像杨树阻挡沙尘暴一样阻挡侵入的敌人。

阳玉洁：继续学习我喜欢的优秀主持人的优点，参加一些有关演讲方面的比赛，最好在初三毕业时，把普通话考过级。

李剑波：飞翔在理想的高空，放飞自己的希望，去寻找自己的梦想，走上成功的道路。

何亚军：成为一名著名的主持人。

余友富：努力完成自己的学业，然后在上海工作一两年。有了一定的工作经验和一定的资金，再回到西部，为西部建设奉献自己的一份力量。

张博：正所谓"不想当将军的士兵不是好士兵"，自从穿上军装的那一刻起，我就更明确了我儿时的梦想，更坚定地为了心中的麦穗去奋斗，去努力！

张强：我想当一名医生，让那些与疾病斗争的人摆脱病痛。

张兴成：我的理想是做一名军人。首先我要考上军校，然后去当特种兵。只许成功，不许失败。我要时时刻刻在一线保卫我的祖国。

张庚杰：我想当一名解放军战士。第一，我要学好知识，用知识武装自己；第二，学号文化知识的同时，我要刻苦锻炼，拥有强健的体魄和敏锐的洞察能力。这就是我的梦想。

欧阳宇航：好好在军校锻炼自己，认真学习。让自己成为一名特别能吃苦、特别能战斗、特别能忍耐的高素质复合型军事人才。将来到基层去，到祖国最需要我的地方去，为祖国奉献我的青春。

莘长林：长大以后我想当一名发明家，我要发明一个机器人每天帮助残疾人和病人，我还要发明其他的对人类有用的东西。

卿静文：我很喜欢服装设计，但是太多人不太支持，因此我不得不放弃自己所喜欢的服装设计，希望自己可以好好地读完大学。

高志军：心中有一个梦想，心中有一个理想，那就是成为一名军人。一名朴实、阳刚、肩负国家安全责任的军人。我认为这是男子汉的必修课。

黄霖：我的梦想就是成为一名军人，我知道当军人很辛苦，很累，但这可以锻炼自己的意志和顽强精神。军人可以为国家做很多事，包括保卫国家等。

康洁：我想考哈佛大学，拿到最高学位，然后回到中国，成立一家慈善基金会，拥有一个属于自己的公司，用自己的爱心去温暖需要帮助的人。

梁强：首先丰富自己的知识储备，提高自己的修养，培养自己的能力，然后将自己所有的才能都展现出来，成为同龄人中的佼佼者。

韩加育：我想当一位高级工程师，我会坚持不懈，直到梦想实现。

宵加驰：首先努力地完成自己当前的学习任务。再一步一步地，找到喜欢的工作，努力奋斗，壮大事业，让父母过上好日子。有能力的话帮助有困难的人。

熊弼臣：我的梦想是当一名优秀的特警战士。我为我的梦想设计了以下两点：第一，练好自己的小身板，让自己强壮起来。第二，学好本领，在以后的生活中让自己具有实力。

薛枭：在和谐社会中，有一个和睦的家庭，希望自己的事业蒸蒸日上，享誉世界。

张老师　12:17:05

根据我的了解，有的同学确实是按照当初的梦想在设计人生，有的同学在前进中选择了更适合的，有的同学遇到了一些小麻烦。

不过不要紧，这就是人生。

卿静文　14:11:47

赞一个，曾经一起走过的青葱岁月。

杨琳　17:49:33

对头，以后还要一起走。

杨琳　17:51:57

我看到我曾经的梦想了，那句话，几乎实现了一半了。

杨琳　17:53:13

就是我喜欢军人，所以我的三个哥哥都是军人，遗憾的是我不是军医，只是一名护士。

张老师　17:53:56

说明你还是按照自己的目标在走。

杨琳　17:54:12

唉，惭愧。

杨琳　17:55:03

张老师呢，你的梦想实现了没？

张老师　17:56:41

我甚至都记不清我像你们那么大的时候的理想了。

杨琳　17:57:47

岁月不饶人咯。

张老师　17:58:42

只是当时语文成绩还可以，周围真有人叫我"文学家"，可笑吧？就傻乎乎地觉得要朝这个方向走。到目前为止，还是非常爱写东西。写得多了，就知道自己的水平在怎样的一个位置，在心理上逐渐有了一点底气。

张老师　17:59:49

给你们写书，纯粹是一时脑袋发热。找了资料，找了画漫画的人，预付了制作费用，就在一个月里完成了。

杨琳 18:00:25

嗯，嘿嘿，还是很好啊，写得很励志，传播的正能量。

张老师 18:00:35

当时就去找出版社，出版社给的都是冷脸子，一直拖到三年以后。

张老师 18:01:50

还是觉得所有地震的书中，就我那本好。

杨琳 18:01:58

但是时间积淀了，内容也丰富了啊。

杨琳 18:02:45

我也觉得。

杨琳 18:02:51

人物都很可爱。

杨琳 18:02:58

蛮喜欢的。

张老师 18:03:26

你们这批人，经历很特殊的事件，应该不容易被打倒。

杨琳 18:03:44

后来又送我很多关于地震的书，就你那本很生动。

张老师 18:03:59

争取吧，第九年的时候，我就来着手整第二本。

杨琳 18:04:22

好嘞！

张老师 18:04:23

那个时候很多人可能都做父母了，呵呵——

杨琳 18:04:28

一定全力配合。

杨琳 18:04:41

我还早。

张老师 18:04:58

所以——保持梦想，努力奋斗。

杨琳 18:05:10

他们肯定都成双了。

张老师 18:05:24

我要下班了啊。

我的成长之路

　　时间过得很快，转眼间十年快要过去了。在这十年中，我们经历了太多太多，从当时的懵懂少年，到现在成年步入社会，随着时间的不断推进，我们长大了。

　　还记得那个想起来就令人心痛的日子，山摇地动、天崩地裂，无数的房屋塌陷，无数的生命被掩埋。一方有难八方支援，在党和国家的帮助下，在全国人民的支持下，我们众志成城，历经艰难，我们重建美好家园。

　　也许这就是命运，每当一个人的时候我

就会想到我的同学、我的兄弟，你们在那个世界过得怎么样？……我太想你们，真的太想念你们。灾难带走了你们，脑海里全是和你们在一起时的记忆，想到一起上课、开运动会、吃饭、闲聊、打篮球……太多太多。以前一个大家庭，现在……我有好多话想要和你们说，好多好多……如今不能够再看看你们，一起说说话，只能凭自己脑海里那些模样来看看你们，我永远的朋友、永远的同学、永远的聚源中学〇八届二班……

有时候看着自己手臂上留下的几个大伤疤，就会想起那段惨痛的经历。但是当别人问起手是怎么回事的时候，却不愿多提，表现得是那么淡定，好像没发生过什么事一样。

那一次空前的巨大灾难，让我深深感受到了祖国的强大。当时，躺在病床上的我下定决心，一定要加入中国共产党，成为一名合格的党员，报效祖国，尽我之力帮助其他有困难的人。在大学期间我努力学习，积极向党组织靠拢，通过竞选成为我们学院分院的学生会主

席，后来很荣幸地成为一名共产党员。心愿终于实现了，在那面鲜红的旗帜面前宣誓时，眼泪就下来了。

2014年2月，我离开学校，进入企业实习。工作事情繁琐，每月只有补贴。经过4个月的实习期，在最后留下为数不多的实习生中我转正了。当时也想过放弃，但我觉得以前更大的困难都坚持过来了，这算什么。正因为这样想，我坚持了下来。

2014年年底，有人向我介绍北京有个创业型公司，能够帮助大学生创业就业，我决定去尝试一下。在后来的工作中，我去了很多高校，和很多大学生有过交流。在"互联网+"的时代，通过公司的平台进行项目的路演，配合企业家对创业者进行创业之初的指导，有效避免了大学生创业者走弯路。在北京工作的一年，我学到了很多东西，我也从一个说话少、内向的男孩，变成了敢于站在众多人面前上台演说的小伙子。不管在哪里，都要学习别人的长处，弥补自己的短处，只有这样才能进步。

2016年初，我又回到成都。从4月初开始，我在一家互联网公司工作。一开始都还一切顺利，各种业绩还比较突出，后来经济不景气，公司在C轮融资中失败了，所有员工都被辞退。后来又找了好几个工作都不太中意，也迷茫过一段时间，想起以前经历过的生离死别、经历过人生最困难的时刻，总觉得这些

不算什么。

　　如今感觉学习十分重要，现在在做政府采购招标相关工作，各种法律法规条例程序都需学习。从一开始什么都不知道，到现在能给别人讲事该怎么做，收获特别大。摸爬滚打好几个月后，公司成形，每一个环节每一个步骤都学习到了好多知识，这些知识只有经历了才会明白和了解。从工商到税务再到财务，所有的东西都要边看边学边做。真后悔大学的时候太贪玩了。

　　回首十年，家乡的变化很大，发展的步伐很快，农村人现在也过上了城里人的生活。在党和国家的正确领导下，在全国各族人民的关爱中，5·12汶川特大地震的灾区人民走出了地震的阴影，积极向上。作为当年大地震幸存者、被评为优秀少年的我，不敢忘记国家和所有帮助过我的人的大恩。知恩图报，天经地义。在今后的工作和生活中，我将时时鞭策自己，尽自己最大力量帮助需要帮助的人，踏踏实实工作，努力拼搏，做一个善良、诚实的公民。

甯加驰所在的教学楼在剧烈的晃动中倒塌了。

轰！轰！

地震发生后，甯加驰被埋在废墟里。他双膝跪在地上，头和左手被死死地压着，动弹不得，也无法正常呼吸。

在离他大约三米远的地方，一堆相互交错的水泥板之间有一个可容一人出入的洞。甯加驰不停地扭动脖子，虽然左脸被擦破，但终于可以将头侧过来自由呼吸了。

这时，右边传来求救声："甯加驰，救救我！"说话的是同学兽婧。甯加驰伸出能活动的右手，帮助受伤的兽婧一点一点移动过来，让她躺在自己蜷缩的膝盖和肚子之间的空隙里，希望这样能给她最大的保护和帮助。

5个小时以后，这三个生死相依的同学都被救出了废墟。

可是，班上有37名同学遇难了！

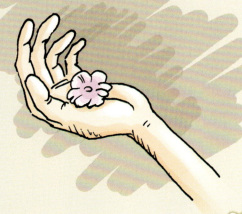

甯加驰伤感地说："经过这次劫难，我发现生命真是太脆弱了，太宝贵了！我希望今后不仅我们这些劫后余生的人珍惜它，大家都应该珍惜它。"

纪实：十年成长大家聊·之十

大家相约再聚会（2014-06-18）

阳玉洁　12:55:50
　　哇，那谁那么帅气，要去野战部队？

杨琳　12:56:01
　　娃子。

阳玉洁　12:56:09
　　哈哈！

杨琳　12:56:11
　　阳玉洁。

杨琳　12:56:15
　　你娃娃！①

阳玉洁　12:56:22
　　干吗？

杨琳　12:56:24
　　居然不甩②我。

阳玉洁　12:56:36
　　哪有啊？

杨琳　12:56:41
　　发你信息也不回。

杨琳　12:56:47
　　QQ也不回。

阳玉洁　12:57:06
　　没有啊，我好久都没挂Q了。

杨琳　12:57:22
　　昨天给你留的言。

杨琳　12:57:29
　　还有发的消息。

阳玉洁　12:57:51
　　昨天没登。

阳玉洁　12:58:02
　　我早就换号了。

张老师　15:44:53
　　阳玉洁，考得如何哦？

阳玉洁　22:11:29
　　好久了。

---

① "你娃娃！"四川话，意思是"你这家伙！"
② "甩"，四川话，意思是"理睬"。

阳玉洁　22:11:34

七夕的。

马健　22:11:53

一起过七夕嘛？

阳玉洁　22:12:07

哈哈，是啊，你不来哇？

张博　22:12:39

七夕是啥时候？

阳玉洁　22:13:04

马健，你看这是谁？

阳玉洁　22:13:29

哦，这是三年前的了。

张博　22:13:39

去你那里过节拍的。

阳玉洁　22:13:56

对啊。

张博　22:15:43

你都存着呢。

张博　22:15:52

话说咱们好久没有见面了？

阳玉洁　22:16:14

是啊，全部存着呢。

阳玉洁　22:16:21

好几年了。

张博　22:16:49

是呀！该约个时间见见了。

阳玉洁　22:17:18

你又不回来。

张博　22:18:16

上班了就没多少时间玩儿了，等你上学有假期
了，可以来找我玩儿。

阳玉洁　22:18:37

好呀。

阳玉洁　22:18:54

我下了哈，拜拜。

张博　22:19:03

OK。

张春玲　22:59:21

半夜冒个泡。

我的十年

　　时间过得很快，转眼间，我们在经历了5·12汶川特大地震后，已走过了十年的光阴。十年是一道坎，我们由青涩的少年变成了为生活为工作为家庭而奋斗的青年。回忆这十年的点点滴滴，有过欢乐也有过痛苦，有过成功也有过失败，有过坦然也有过迷茫。回想这十年走

毕业时的留念

入伍留影

部队生活照

退伍时与战友留影

在茂县6·24叠溪小学
安置点与十年前北京表彰活
动的带队老师重逢

个人艺术照

2017年5月出差时的生活照

过来的路有太多太多的感慨……

5·12汶川特大地震后，我对军人这种职业产生了崇拜，一心想加入到这个集体中。2013年6月在复旦大学就读期间，我自愿报名参军服义务兵役。由于快要面临毕业，父母不同意我去参军，当时心里很矛盾，一边是毕业工作，一边是在校参军，在给父母做了大量的说服工作后，终于征得父母同意。9月我被分配到江苏省无锡市荣巷武警某部队。在部队服役期间表现优秀，得到首长和战友的认可，并荣获演讲比赛"三等奖""爱警习武好战士""优秀士兵"等荣誉。2015年9月退伍回到复旦大学继续学业，于2016年7月毕业，取得法学学士学位。

2017年3月，我放弃在大城市事业单位的工作，回到自己的家乡阿坝州，与何志峯、

2013年参军前回家政治审核时与家人合影

欧阳海兵、汶川县大同社会工作服务中心、理县湘川情社会工作服务中心共同发起筹办阿坝州社会工作协会。有失亦有得，虽然放弃了稳定的工作，但经过多方协调和自己的努力，2017年6月，阿坝州首家全州层面的社会工作机构正式成立——阿坝州社会工作协会，自己担任秘书长一职。州社会工作协会的成立，是阿坝州社会工作开展的客观需要，也是广大群众和社会工作从业人员的共同诉求，标志着阿坝州社会工作发展将迈上一个新的里程，将有利于开辟出一条具有民族地区特色的社会工作发展之路。

鉴于地震后的学习生活与军旅生活，我觉得自己是不幸的，但又是万幸的，我对于未来的生活有了更明确的目标追求。2017年6月24日，茂县叠溪镇新磨村山体突发高位垮塌。灾情发生后，阿坝州社会工作协会第一时间做出响应，以最快的速度参与救援，于事故发生当天就到达现场。我带领协会工作人员对受灾群众进行安抚与心理辅导工作，收集大量一手宝贵资料并形成档案，为后期重建工作打好扎实基础。"地震给了我原动力，参军给了

阿坝州社会工作协会成立时合影

我坚定信念，而创办阿坝州社会工作协会是自己梦想的开端。"作为曾经的受灾者，现在能加入到抢险救灾的队伍中去，是自己不忘初心的坚持。

地震后的这十年，虽然走得很艰辛，哭过，迷惘过，但是却没放弃过。我知道，无论怎么样，都会有家乡的亲人远在汶川默默地看着我，给我加油，给我力量。每当我想到这些，都会觉得自己有无限的勇气和力量，虽然走的路很曲折艰辛，但走得充实精彩。

如今的自己，事业在慢慢起步，生活也算是衣食无忧，谈恋爱了并正准备组建家庭。但我始终没有忘却地震后的那段日子，滴水之恩当涌泉相报。我将以自己最好的状态去面对生活与工作，将尽自己最大的努力去承担家庭与社会的责任。

十年虽然很短，但也很长。未来还会有更多的十年，我始终相信"不忘初心"，必然会"方得始终"。

在茂县6·24叠溪小学安置点就地组建和培训妇女互助小组

5·12汶川特大地震发生时，佘友富正在5楼教室上课。突然间，头顶的一根横梁断裂，猛然弹起的课桌重重地撞在他的背上，他当即陷入昏迷。

不知过了多久，佘友富被同学们的尖叫声惊醒。此时，他发现自己被压在一堆砖头和混凝土下，动弹不得。他全身都麻木了，心想自己死定了。

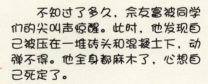

师生们使劲搬开砖头和混凝土块，将他从废墟中抢救出来。

我已经死过一回了，还怕什么！

半小时后，班主任点名发现班里还有两名同学被压在废墟下，决定立即组织营救。佘友富不顾身上的伤痛，毫不犹豫地举手报名。

听到一名女生的呼救声，他和几名男生循声搜寻，发现她和另一名男同学被混凝土块压在同一个地方。佘友富和同学们冒着余震引发再次垮塌的危险，拼命地挖刨废墟，成功救出了这两名同学。

阳玉洁高考查分那一晚，大家都很紧张（2014-06-22）

阳玉洁　20:03:48

　　今天查分，祝我好运。

马健　20:04:47

　　祝你好运！

杨琳　20:04:57

　　好运！

阳玉洁　20:05:06

　　爱你们！

杨琳　20:05:33

　　爱我就好了，不用爱马健。

马健　20:06:04

　　爱你！

杨琳　20:06:37

　　哈哈！

阳玉洁　20:06:49

　　哈哈！

杨琳　20:06:52

　　一口盐汽水喷你。

阳玉洁　20:07:29

　　哎。

杨琳　20:07:41

　　只能代表八卦组说一句：在一起！

何翠青　20:08:33

　　高考同学们，今晚查分，不要紧张。

阳玉洁　20:09:47

　　不紧张，那是骗人的。

杨琳　20:09:48

　　已经胜券在握了，只需走个过程，洒脱点。

阳玉洁　20:09:59

　　呃。

杨琳　20:10:15

　　潇洒走一回。

阳玉洁　20:10:41

　　哎，好嘛。

阳玉洁　20:11:24

　　马健，你不是说要来看我么？

杨琳　20:11:27

　　嗯嗯，今晚几点查啊，还要等多久才查哦？

113

杨琳　20:11:59

　　呼叫马健，呼叫呼叫，阳玉洁呼叫你——

阳玉洁　20:12:21

　　十二点。

杨琳　20:12:49

　　我一直存的是阳玉洁。

何翠青　20:12:53

　　这么晚？

杨琳　20:13:23

　　哦！估计她也不会早睡觉。

阳玉洁　20:13:56

　　你好意思！

阳玉洁　20:14:01

　　是啊。

阳玉洁　20:14:15

　　还有没有要查分的，组队噻。

杨琳　20:16:46

　　你那图片，看都看不到。

马健　20:16:55

　　已经来过了。

马健　20:17:05

　　自己手机问题。

杨琳　20:17:12

　　我手机问题？

马健　20:17:22

　　嗯。

马健　20:17:24

　　对头。

马健　20:17:37

　　你不记得啦？

杨琳　20:17:43

　　啊呀，真看不到。

阳玉洁　20:17:47

　　滚蛋！

杨琳　20:18:03

　　记得什么？

马健　20:18:04

　　一起滚嘛。

马健　20:18:13

　　记得我来过。

阳玉洁　20:18:35

　　呃——

马健　20:20:12

　　呃什么？

阳玉洁　20:20:30

　　越来越不靠谱了。

马健　20:21:02

　　靠得住就行。

阳玉洁　20:21:15

　　靠不住。

马健　20:21:45

　　太重了！

阳玉洁　20:22:03

　　啥重哦？

马健　20:22:27

　　你太重了，所以我靠不住。

阳玉洁　20:22:38

　　你才重。

马健　20:22:58

　　嘿。你咋知道呢？你又没试过！

阳玉洁　20:23:09

　　……

杨琳　20:23:17

　　女人何苦为难女人。

马健　20:25:11

　　因为都是女人。

阳玉洁　20:25:28

　　我说不过他。

杨琳　20:26:04

　　因为他喜欢扭曲事实。

阳玉洁　20:26:13

　　就是。

杨琳　20:26:36

　　让你感觉云里雾里的，模糊不清。

阳玉洁　20:26:50

　　让我想打人。

马健　20:27:01

　　把杨琳打了。

杨琳　20:27:16

　　我好怕。

阳玉洁　20:27:28

　　打你。

杨琳　20:27:37

　　救命稻草，你在哪里？

阳玉洁　20:27:51

　　谁？

杨琳　20:28:08

　　给马健祷告。

阳玉洁　20:28:18

　　哈哈……

杨琳　20:28:23

　　祈祷他不会死很惨。

马健　20:28:26

　　嘻嘻。

马健　20:28:32

　　已死。

115

马健　20:28:37

不怕再死。

杨琳　20:29:27

嘴说得太滑了，我俩都不是他的对手。

阳玉洁　20:29:43

切！张博哥哥。你在哪里？出来，帮我！

杨琳　20:29:55

只能说，三个女人一台戏。

马健　20:29:57

我走了。

马健　20:30:08

大神饶命。

阳玉洁　20:30:27

哈哈！

阳玉洁　20:53:10

原来有这么多人在。

阳玉洁　21:53:46

我们的故事。

某日，火车上。我们亲爱的郭老师千叮咛万嘱咐："同学们啊，一定要将自己的贵重物品管好哦！"这时梁强跑了出来说道："郭叔，这是不是你手机啊，我在厕所捡到的。"全体无语。

某日，绵阳。申龙哥他们那组在做演讲。因为是最后一场所以就特别嗨皮，许中政讲得正昂扬的时候，申龙哥大喊了一声"中政哥，加油！"中政慢慢地转过去，又慢慢地转回来，东看看西看看半天没反应。原来是申龙哥把中政吓得不知讲到哪儿了。

某日，中国职工之家。杨琳姐和陈浩打算来川办找我。走到半道陈浩同学不想走了，要回去。不过一回去就不得了了。回去就睡，一睡就喊不醒。据说是几个大耳刮子给刮醒的。

某日，南充。那天在南充做了一场成功的报告，南充的叔叔阿姨们请我们到"宴今"吃饭，这一吃不要紧，但张老师就有事了，喝高了。他不停地说："猫最怕老鼠。"还一边说"我吃了五个红薯"，然后华丽地伸出了四个手指。我和杨琳狂笑。

杨琳说我拿出了我的零用钱283块7元。张博哥哥说虽然我们不能拿第一，但是我们要（声音提高）去争取第一（停顿）的过程。（弱下来）

杨琳　21:58:41

嘿嘿！

杨琳　21:58:58

她们把钱给我打错了！

阳玉洁　21:59:18

我正在说你怎么不在了。

杨琳　21:59:18

我也记不清是283还是287。

阳玉洁　21:59:24

哈哈！

杨琳　21:59:33

　　我在和马健聊猪。

杨琳　21:59:48

　　想吃他家的猪肉。

阳玉洁　22:00:09

　　瞎扯！

杨琳　22:00:10

　　居然变成累计数字！

杨琳　22:00:39

　　这些事，居然你还记得哦！

杨琳　22:00:44

　　历历在目。

杨琳　22:00:50

　　很好笑的。

阳玉洁　22:01:02

　　是啊，在日记里。

阳玉洁　22:01:08

　　牛吧？

杨琳　22:01:24

　　嗯嗯。

杨琳　22:01:29

　　我也记得。

阳玉洁　22:01:30

　　哈哈！

杨琳　22:01:48

　　还有很多好笑的事情。

阳玉洁　22:01:52

　　我还要弄几张图上去。

阳玉洁　22:02:08

　　补充噻。

杨琳　22:02:20

　　不记得了。

杨琳　22:02:31

　　你慢慢想想——

阳玉洁　22:02:34

　　啊。

杨琳　22:02:36

　　林浩说——

杨琳（466146782）　22:02:50

　　林浩说"地震就在我家门口——"

阳玉洁　22:02:56

　　什么？

阳玉洁　22:02:59

　　哈哈！

杨琳　22:03:01

　　这个当时很好笑。

阳玉洁　22:03:28

　　哈哈！我现在也觉得好笑。

杨琳　22:03:45
　　他声音很可爱。

杨琳　22:04:38
　　我睡觉了哈，晚安。

杨琳　22:04:47
　　明天我有白班。

阳玉洁　22:04:56
　　好吧。

杨琳　22:05:10
　　你慢慢查。

杨琳　22:05:14
　　马健没睡。

阳玉洁　22:05:18
　　嗯。

杨琳　22:05:21
　　你俩聊聊天吧。

杨琳　22:05:36
　　姐把他交你了。

阳玉洁　22:07:05
　　谁？

杨琳　22:07:32
　　马健接旨：奉天承运，皇帝诏曰，命你陪阳玉洁等成绩，不得有误，钦此！

阳玉洁　22:07:45
　　哈哈！

张博　22:40:42
　　啥嘛？

阳玉洁　22:41:03
　　没啥。

张博　22:41:13
　　哟哟，你还在！

阳玉洁　22:41:24
　　我等成绩。

张博　22:42:16
　　今天出？

阳玉洁　22:42:24
　　是啊。

阳玉洁　22:42:32
　　紧张啊。

张博　22:45:35
　　好！我陪你一起等。

阳玉洁　22:46:05
　　要得嘛。

张博　22:46:29
　　你在哪里呢？

阳玉洁　22:46:37
　　白鹿。

张博　22:46:48
　　家里？没出去耍？

阳玉洁　22:47:05

　　没有，老妈不要我去，可恶。

张博　22:48:31

　　哈哈哈，那多没意思。

阳玉洁　22:48:45

　　就是啊。

张博　22:49:00

　　那你整天干啥呢？

阳玉洁　22:49:15

　　看电视，看书。

阳玉洁　22:49:20

　　上网。

张博　22:50:12

　　多看看书也好。

阳玉洁　22:50:31

　　嗯，就是。

阳玉洁　22:50:48

　　不过家里的书几乎都看过了。

张博　22:51:07

　　买点新书看嘛。

何翠青　22:51:29

　　图书馆。

阳玉洁　22:52:12

　　关键是我门都没出，白鹿没图书馆没书店。

张博　22:53:51

　　网购嘛。

阳玉洁　22:54:03

　　送不到我家。

张博　22:54:49

　　不是吧？

阳玉洁　22:55:46

　　我在偏远的白鹿。

何翠青　22:56:00

　　电脑。

张博　22:56:13

　　快递送不进去？

阳玉洁　22:56:18

　　这个可以有。

阳玉洁　22:56:27

　　只有邮政的。

张博　22:56:41

　　那就选邮政快递嘛。

何翠青　22:56:52

　　那就借助电脑学习。

张博　22:57:23

　　是，电脑就知道玩儿。

阳玉洁　22:57:52

　　好了，查到了。

张博　22:58:03

　　多少多少？

何翠青　22:58:21

　　多少？

阳玉洁　22:59:02

　　应该上了艺体的分。

阳玉洁　22:59:05

　　400。

何翠青　22:59:16

　　刚好400？

阳玉洁　22:59:27

　　398。

张博　22:59:33

　　嗯！

阳玉洁　22:59:47

　　哈哈，虚报两分。

张博　23:00:33

　　艺体线多少？

阳玉洁　23:00:55

　　347哇。

张博　23:01:36

　　那你打算报哪里？

阳玉洁　23:02:42

　　川传吧。

何翠青　23:03:04

　　打算在四川吗？

阳玉洁　23:03:12

　　嗯啊。

张博　23:03:44

　　嗯！那就好，看了一下。不错！

阳玉洁　23:03:53

　　嗯嗯。

张博　23:05:22

　　大学是个好地方。

阳玉洁　23:05:38

　　好吧。

张博　23:06:03

　　到时候不要有了男朋友把我们忘了。

阳玉洁　23:06:45

　　去你的。

张博　23:07:18

　　真的。

阳玉洁　23:07:27

　　好吧。

张博　23:08:04

　　你肯定会。

阳玉洁　23:08:24

　　不得。

张博　23:08:43

　　哈哈哈，以后才知道。

阳玉洁　23:08:53

　　切！

张博　23:10:14

　　高中谈恋爱没？

阳玉洁　23:10:26

　　没有。

张博　23:10:38

　　有没暗恋的？

阳玉洁　23:10:47

　　就只有等大学黄昏恋了。

阳玉洁　23:10:58

　　有暗恋我的。

张博　23:11:27

　　哈哈哈！是不是？这么吃香？

阳玉洁　23:11:52

　　哈哈！

阳玉洁　23:11:58

　　是啊！

张博　23:12:27

　　我就知道你很吃香。

阳玉洁　23:12:53

　　是啊，不然怎么叫阳玉洁呢？

何翠青　23:14:14

　　我有一朋友考了300。

阳玉洁　23:14:26

　　呵呵！

何翠青　23:14:28

　　有点出乎她意料。

阳玉洁　23:14:31

　　就只有笑了。

张博　23:15:05

　　哈哈哈，好吧！

何翠青　23:15:39

　　成绩都出来了，大家早点睡吧。

何翠青　23:15:55

　　晚安。

阳玉洁　23:16:01

　　其实我还以为我可以考四百分以上。

张博　23:16:22

　　嗯！

记录：我的十年成长·熊弼臣

我的一点小进步

5·12汶川特大地震转眼已经过去十年，蓦然回首，仿佛就在昨天。十年前我被解放军送到了九州体育馆避难所，也就是那个时候从军的梦想在我内心生根发芽，立志长大以后也要一身戎装保家卫国。

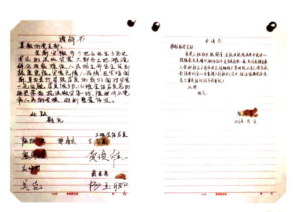

2011年的冬天，那年我16岁，我做出了人生中最重要的一次选择——报名参军。当我用还略显稚嫩的手在报名册上写下自己名字的时候，我的内心是激动的，仿佛跳动的火焰。可由于当时年龄太小，最终我被拒绝了。这个消息犹如晴天霹雳一样轰在了我的头上，我的内心当时就像寒冬一样冰冷。那一年我过得浑浑噩噩，没有斗志，沉迷于网络游戏不可自拔，时常因为打游戏忘记吃饭。由于饮食不规律和缺乏运动，我原本还算健壮的身体也日渐消瘦，变得像只猴儿一样，体质差到了极点！

　　2012年，征兵的消息传来，我盯着电脑屏幕，空洞的眼睛重新焕发了神采，第二次走进了武装部的大门。这一次我参加了征兵体检，可我骨瘦如柴的样子实在是达不到入伍的条件，于是第二次应征又失败了。我更加失落，脾气也变得暴躁，在家里对着家人大吼大叫，这时候父亲给了我一记耳光。我不可思议地望着他，因为这是他第一次打我，只见父亲平静地对我说："如果你再继续这样下去，那你永远也别想踏入军营的大门，部队不会要你这样的废物。"说完便转身坐在沙发上，一个人静静地抽着烟。看着父亲日渐苍老的脸庞，我理解了他的良苦用心，于是我心中的乌云消散了，阳光重新照耀。从那以后我戒掉了游戏，每天坚持锻炼，饮食也有了规律，经过一年时间的锻炼，身体得到了改善，心智也变得成熟了许多，一切走上了正轨。

　　2013年8月，我第三次报名参军，这一次由于我的充分准备，所有审核全部达标。9

月1日我如愿以偿走进了军营的大门，实现了自己多年的梦想。我感谢我的母亲，她对我无微不至的照顾让我有了结实的身板儿，感谢我的父亲，他对我的鼓励让我有了前进的动力。

2013年10月，我通过自己不懈的努力，完成了新兵初期训练，同时也获得了军人津贴。拿着津贴，我陷入了沉思，翻来覆去想，决定拿出一部分用以回馈社会，将当初社会各界传递给地震灾区的爱心传下去。于是我联系了当初帮助过我的常州市天禄集团董事长陈爷爷，说明了我的想法，得到了他的大力支持。他帮我联系了常州市新北区新桥镇敬老院，让我每个月的爱心捐款有了目的地。

时间就这样一天天过去，我也在部队的大熔炉中不断得到淬炼。2015年6月军队院校招生开始，我果断报名参加了考试，最终以优异的成绩被蚌埠汽车士官学校录取。在校期间，我得到了院校良好的培养，先后担任副班长、班长、副区队长等职务，加入了中国共产党，获得了"优秀学员"称号和学习奖励，各项比武竞赛均名列前茅。我也不断挑战自己，对各项急难险重任务都积极请战，得到了上级领导的一致好评。一切荣誉都离不开自身的努力。由于基础较差，当初很多课程我都跟不上，我便利用休息时间请教学习好的同志和任课教员，最后将请教的成果和自身的感悟加以结合运用，从而不断进步。

在校期间，我与几个战友利用放假的时间

看望之前我们一直帮助的贫困儿童，为三个孩子送去了新书包、新文具和书籍，还有新衣服和年货。看到小朋友脸上灿烂的笑容，我仿佛又看到了地震时的自己——家园被毁，无家可归，是解放军和社会各界人士，是党和国家的大爱和不放弃，让我重获了新生。如今我所做的一切都是在传递当初的大爱，作为一名北川人，这根"接力棒"永远也不能丢！

今天，我已从士官学校毕业，来到了基层实习。虽然以往取得了一些小小的成就，但我认为还不够，因为还有更大的责任需要我去担当，还有更多的任务需要我去执行。

长大后的我成了当初的你，愿以身献国家！

在同学们的眼里，熊弼臣曾经是一位胆小、爱哭鼻子的家伙。

地震到来的那一刻，教室晃得厉害。熊弼臣刚跟同学们跑出教室，马上又转身冲了回去。他跑下来的时候，就看见五年级的教学楼垮塌得很厉害，他第一个便想到了他的表弟。原来，熊弼臣的表弟比他低一年级，他要回去救表弟。

不过，几分钟后，被熊弼臣从砖石中救出来的却是另外一名同学。

把这名同学背到操场上交给医护人员后，他再次跑回救援现场。

在楼道中他发现一名女同学的右腿被倒塌的砖墙压住，不能动弹。他用双手搬开砖石，扯下自己的红领巾为她包扎伤口，背着她跑向操场。这位女同学得到了及时医治。

后来熊弼臣终于知道表弟平安无事的消息。

现在，熊弼臣在大家眼里的形象彻底发生了改变，所有人都认为，他是个了不起的小英雄。

纪实：十年成长大家聊·之十二

杨琳状告梁强（2014-07-20）

杨琳　17:34:44
　　梁强欺负我，呜呜——

张博　17:35:15
　　扁他！

杨琳　17:35:16
　　他的变态照片必须公布于世人。

张博　17:35:35
　　猥琐男。

杨琳　17:35:41
　　还说我是不是暗恋他。

杨琳　17:35:51
　　说自己极品男。

张博　17:35:53
　　这个说不准哈。

杨琳　17:36:11
　　恶心到爆了。

杨琳　17:36:20
　　我要给你复制原话。

张博　17:36:45
　　?

杨琳　17:37:47
　　那就是可爱嘛，哪儿是变态？像我这种集可爱、

帅气、勇猛、幽默、高雅于一身的完美男人，乃
人间极品！世上少有也！梁强原话。

杨琳　17:38:43
　　你咋样了嘛？还在暗恋我还是找到我的替代品了
嘛？梁强原话。

杨琳　17:38:57
　　可恶！

张博　17:40:04
　　嗯。

何翠青　17:49:47
　　假期欢乐多。

卿静文　17:50:26
　　赞一个！

张博　17:52:07
　　狂赞一百个！

阳玉洁　20:31:14
　　姐烫头发了，哈哈！

何翠青　20:32:54
　　直发？

何翠青　20:33:31
　　漂亮。

阳玉洁　20:36:14
　　是的，直发。

阳玉洁　20:36:41
　　谢谢！么么哒！

阳玉洁　20:37:35
　　卖个萌——

杨琳　20:38:03
　　怎能如此漂亮？

阳玉洁　20:38:24
　　在你眼中我最美。

杨琳　20:38:52
　　嗯嗯。

阳玉洁　20:39:49
　　嗯嗯，哈哈！

杨琳　20:40:08
　　漂亮惨了！

杨琳　20:40:13
　　美啦美啦！

阳玉洁　20:40:19
　　谢啦谢啦！

阳玉洁　20:41:08
　　再爆一张哇，哈哈！

卿静文　20:41:38
　　你俩太腻歪。

杨琳　20:41:40
　　发出来噻！

卿静文　20:41:50
　　就是。

阳玉洁　20:41:55
　　呃！

卿静文　20:42:08
　　杨琳也爆一个！

杨琳　20:42:33
　　我啊！没单人照。

杨琳　20:42:44
　　只有梁强的私房照。

卿静文　20:43:01
　　哈哈，不稀罕他的。

阳玉洁　20:43:04
　　哈哈！

阳玉洁　20:43:18
　　就是，天天都要自拍！

杨琳　20:43:37
　　嘿嘿，美女就是好！

杨琳　20:43:48
　　随便照照都漂亮！

阳玉洁　20:43:57
　　你啊，我也觉得你漂亮！

杨琳　20:44:09
　　我还需要用强大的美图秀秀！

卿静文　20:44:32
　　对啊，我也觉得，所以赶紧爆一个！

阳玉洁　20:44:35
　　呃！！

阳玉洁　20:44:39
　　爆！

阳玉洁　20:44:48
　　不然我帮你爆！

卿静文　20:44:56
　　爆！

杨琳　20:44:56
　　弱爆了！

阳玉洁　20:45:03
　　爆！

杨琳　20:45:11
　　爆啥子哦！

阳玉洁　20:45:14
　　卿姐也来。

杨琳　20:45:38
　　我看看有没单人照。

杨琳　20:45:43
　　结果没有了。

阳玉洁　20:45:44
　　你有。

阳玉洁　20:45:47
　　你有！

卿静文　20:45:48
　　躺着中枪。

杨琳　20:45:51
　　没有。

阳玉洁　20:45:57
　　现在照。

杨琳　20:46:06
　　卿姐也要。

卿静文　20:46:09
　　现在照？

阳玉洁　20:46:16
　　是的。

杨琳　20:46:20
　　大家一起爆！

阳玉洁　20:46:38
　　我都爆了，不怕。

卿静文　20:46:40
　　哈哈，你们爆，我围观。

阳玉洁　20:47:21
　　都来，我做成一个比较好耍的东西。

阳玉洁　20:47:30
　　我帮你们。

杨琳　20:47:41
　　我没照片了。

杨琳　20:47:59
　　我找了半天也没单人照了。

阳玉洁　20:49:41
　　只有这些了。

卿静文　20:51:21
　　muscle man 和枭哥的肚子成对比。

130

阳玉洁　20:54:12

　　哈哈！

张博　20:55:27

　　我发现我也中枪了。

马健　21:05:22

　　我允许你把我照片放上来了？唉，洁洁？

卿静文　21:07:40

　　博哥，晒一个和女朋友的合照。

阳玉洁　21:08:44

　　怎么嘛，要不要上传合照嘛？

张博　21:09:04

　　这个没有！下次有了给大家分享一个。

智商谁高，关于龟兔赛跑？（2014-07-20）

阳玉洁　22:10:48

　　爆！

卿静文　22:13:03

　　不带这样忽悠人。

阳玉洁　22:13:10

　　嫂子的。

阳玉洁　22:13:18

　　那么想我追你？

阳玉洁　22:16:04

　　你是有多想要我追你？？

张博　22:16:33

　　你追不到我，我跑得快！

卿静文　22:16:39

　　博哥，别不好意思。

阳玉洁　22:16:53

　　什么？？

张博　22:17:46

　　我就像兔子一样跑得快。

卿静文　22:18:10

　　明明是乌龟快。

张博　22:18:36

　　你是乌龟。

卿静文　22:18:52

　　你说你快，你就是乌龟咯。哈哈哈！

阳玉洁　22:45:03

　　闹腾的我们。

张博　22:45:25

　　好瓜①！

阳玉洁　22:45:44

　　谢谢。

阳玉洁　22:45:49

　　一起瓜哈。

张博　22:46:08

　　除了你都不瓜。

阳玉洁　22:50:41

　　谢谢。

_____

　　①"瓜"，四川话，意思是"傻"。

记录：我的十年成长·阳玉洁

十年一梦

慢慢来，时间会告诉我们一切

即使时隔十年，再听到关于地震的故事，再看到那些片段，心里难免会有些许悸动。

关于2008年地震的故事我们似乎谈论太多，十年前的阳玉洁把"抗震救灾优秀少年"这个称号看得太重，引以为荣，并且沾沾自喜，像一个武士炫耀自己的存在。那个时候心里存放的感恩会很稀薄，就变成了一个表面风平浪静、心里却张牙舞爪的自己。

在很长的一段时间里，我活在自我膨胀的世界里无法自拔。

一次偶然的机会，和一位校长交谈（时隔久远，我已不记得姓名），他告诉我："人生的不同经历会给你带来不同的光环，现在你的光环很耀眼，但是这些荣誉是站立在无数遇难者和牺牲者身上的，我们都应该时刻地警醒自己。"

那时虽然年少，但终归还是理解了这段话的深意。

以至于在后来我的"玉洁访谈"中，我和林浩说了同样的话，提醒他，也是提醒自己。

这十年，我从小学走到了大学，而最重要的是，我从一个被采访者变成了一个采访者。我现在是一名新闻与采编方向的学生，也是一名即将踏入社会的准媒体人。

我的播音主持道路走得并不顺利。在川内，播音主持艺术专业的学生身高普遍要求在一米六以上，而我的身高并未到一米六，所以我的家长、老师、同学都曾声色俱厉地告诉我："你不行，你不高，你不漂亮，你甚至没有钱。"

对于我而言，这是我坚持了近十年的梦想。我和我的父母发生了激烈的争执，甚至我的父亲还因为这件事说出要和我断绝父女关系的激烈言辞。我的父亲是学问不高的农民，在他的眼里，"艺术生"就是不学无术的孩子，加上我的班主任反对，我的父亲更加觉得我的选择是荒诞滑稽可笑的，而且艺术培训的高昂费用不是我这样的家庭可以承受的。

梦想和现实的博弈就是这样的残酷。

当学习和选择的压力赤裸裸地摆在我的面前时，我开始变得很焦虑，整夜整夜失眠，后来医生鉴定我有轻微的神经衰弱。在那段时间里我和我的家人进行了一次谈话。这一次他们终于同意了。

在接下来的一年时间里，每个周日的早晨我都要早早起床，坐两个小时的大巴去市里上课。冬天我出门的时候天甚至还没有亮。

可是我从不认为这样的经历是辛苦的。

我相信每个人在追梦的路上都是拼尽全力、无怨无悔的。比起那些在地震中逝去的

2014年《雅安 雅安》演出现场 阳玉洁饰王婶

人，我们至少有梦可追，有苦可受，有无数的明天可以去抱怨去期盼。每每回忆起在北川地震遗址前我向着400余条生命鞠躬默哀的时候，现时所受的苦难都会变得渺小。

雅安地震那年，我高三，艺术课结课。我的表演老师给我们排了一场大戏《雅安 雅安》，在里面我饰演了一个失去亲人的大婶，这部舞台剧得到了一致好评。因为我们经历过，所以才能感同身受，我在舞台上失去亲人的嚎叫，对解放军的感谢都是来自内心最真实的感受。

我始终相信慢慢来，时间会改变一切的。不只是我们的样貌，更重要的就是内心的改变。

当角色转变之后，我可以做什么

学习采编的这一年，是我收获最大、成长最快的一年。想选题，做策划，跑新闻现场，从一个被采访者变成一个采访者。去过一些地方，遇到了很多有趣的人。

这一年，因为学生采访权限太低，受了太多挫折。2016年会展中心举办第22届世航会，我们没有取得入场资格，在会展中心的门口蹲守了两天。看到带翻译的外国人，就上前争取采访机会。有幸的是，我们采访到了达尔文机场的总监，让我们的选题起死回生。

成都市菁蓉小镇的创客巴士开通，我们在晚上十点蹲守过公交站点，跟拍这一路的行程。

2016年10月，我们去蒲江外采，我第一次感受到了记者的魅力。我们的选题是农村电商，可是蒲江是我们完全不熟悉的地方，要怎么找到合适的采访对象成了一大难题。蒲江盛产猕猴桃，我们在新闻上找资料，在微博上@蒲江的农村电商，甚至我们还去淘宝上去找，看哪家猕猴桃的产地是蒲江，在淘宝旺旺上沟通。后来真的就成功了，我们收获了一条关于猕猴桃生产链的新闻。

当然，再后来，我们学会了要用很多社交软件去和采访对象取得沟通，通过微博我们成功争取到了对歌手宋钊等人采访的机会。

2016年，我们还参与了熊猫眼看西博会的新闻采集。从学校到会展中心，单边车程2个小时，5天的奔波，神奇的是我和我的队友们从来都没有喊过累。会场的9个展厅我们要来回跑好几遍，在众多的人群和展商中发现新闻线索和报道的热点。有时候闲下来了才发现忘了吃饭。

和熊猫新闻合作最大的难点就是时效性，所以当天采集回来的新闻，晚上就要整理剪辑成新闻，工作量十分大。现在想想如果毕业以后我不再从事

新闻行业，这可能是我新闻事业的巅峰。

现在，我在做关于白鹿镇地震十周年以及基层重建工作开展的专题。

也刚好为自己这十年交一份满意的答卷。

很多年前，我总是在说，或许要感谢灾难，让我认识到了生命的可贵。可是回过头想想，我们真的感谢灾难吗？如果可以选择，我可以不接受吗？

时间让一切变成历史，既然无法改变，我们就带着一份责任，更好地过我们自己的生活。

愿我们的未来发着光。

那些情愫悄悄

感谢第一个十年，我的Mr. Right参与我的生活。未来很长，我不知道我们会是什么样子，但是我觉得此时此刻的我们应该值得被纪念。

分享一封信件。

见字如面

我的宝贝，你最近过得好吗？有没有想我？我来部队已经有半年了，一切都好，就是想你，想家，想成都。

2017年1月7号，我在部队里过的第一个生日，没有你的陪伴是最大的遗憾，不过特别开心的是准时收到了你的生日礼物。你总是那么细心，怕我在部队苦，找来了那么多小伙伴给我写生日祝福，鼓励我。不太心灵手巧的你不知道花了多久才给我织好了围巾，钢笔上精心刻好的字都让我感动不已。

但是我总觉得特别对不起你。你的生日我却没能送上一句祝福，不能陪你，也没有送出生日礼物。对不起，等我回来再也不错过你的每一个生日。

我还记得那一天开视频。你一个人在寝室，没有人陪伴，没有生日蛋糕，没有鲜花，没有派对，有一个男朋友，可离你那么远。真的特别心疼你，我发誓以后要精心给你策划一个生日，毕竟你是我的小公主嘛！

最近我买了好多书，都是你之前看过的，或者给我读过的。我觉得爱你就是要去习惯你的习惯，把我的一切烙上你的印记。

我开始看书，并在书上用和你一样的方式留下名字。

我开始写信，学会把想说的思念寄给你，连信的格式也一模一样。

我开始了解更多你喜欢的故事，回来慢慢讲给你听。

我开始把你喜欢的东西都记在心里，一一送给你。

我开始了解你想去的地方，并非置气话，以后都带你

去。

　　你看，就像《这个杀手不太冷》里的台词：我以为爱情最深沉的样子，就是你走以后我把自己活成了你的样子。

　　不过我庆幸的是，我一直拥有你，并且你也在把我的习惯变成你的习惯。两个人，最终活成了相似的一个人，这就是我们吧。

　　"你是否愿意娶她为妻，按照圣经的教训，在神面前和她结为一体，爱她、安慰她，尊重她、保护她，像你爱自己一样，不论疾病或是健康，富有或是贫穷，始终忠于她，直到离开这个世界？"

　　"我愿意。"

　　我愿意
　　我生命中的伴侣和我唯一的爱人
　　我将珍惜我们的友谊
　　不论是现在
　　将来

还是永远

我会信任你，尊敬你

我将和你一起欢笑，一起哭泣

你爱的人将成为我爱的人

你的主也会成为我的主

在哪里死去，我也将和你一起在那里被埋葬

也许主要求我做的更多，但不论发生任何事情，我都会有你在身边，生死相随。

这是我在《平生欢》里看到的结婚誓言就想把它抄下来送给你，希望最后我们能一起许下这样的誓言。

我现在觉得和你结婚是理所应当的问题，我知道你并不太愿意太早结婚，没事儿，你说多久结咱就多久结。重要的是有你在就好。

在部队空想的时间很多，说白了就是做白日梦，可是无论是幻想以后的各种事情，都能很自然地把你也融入其中，求婚、结婚、旅行、成家，女主角一定是你。

你说我是你的盔甲，也是你的软肋。

突然想到要是以后你惹我，我就戳自己，戳你的软肋，哈哈哈。

看到这里，我猜你笑了。

亲爱的宝贝，我不在的日子里，一定要照顾好自己。

我爱你，小公主。

原版是手写的。

"云中谁寄锦书来"的等待，很美好。

虽然这封信件着实甜腻腻的腻得慌，不过这不最应该是20岁时候爱情的样子吗？没有物质的强硬要求，也没有大是大非之后的明事理，爱情就是爱情。两个相爱的人，身外种种再也无关紧要。

这是帮影楼打版的照片，非婚纱照

也许，很多年之后。我再也没有"昨夜小寐，忽疑君来，却是琉璃火，未央天"的等待的热情，但是现在一切都好。

所有的一切都值得被纪念。

以上就是洋芋（"洋芋"即"阳玉洁"，编者注）的十年，愿所有人，前程似锦，归期有期。

地震时，猛烈的摇晃让大家一瞬间都懵了。阳玉洁最先反应过来，她的惊呼让大家也明白了过来……

反应机敏的小玉洁最先跑出了教室。当她跑到楼梯拐角处时，看见王老师却在往教室里跑。

脑子里飞快地闪过一个念头，她决定跟回去看看。

王老师，危险！

这时，强余震袭来，一片尖尖的玻璃正对着王老师砸去，千钧一发之际，她跳过去拉住王老师就跑。

快到二楼时，她和王老师以及另外几位同学被摔倒在拐角的平台上。阳玉洁的膝盖受了伤，同学徐敏昏厥过去。阳玉洁下意识地抬头看了看天花板，天花板已经被撕开拳头大的裂缝。她急忙上前背起了比她高大许多的徐敏，在同学们的帮助下跑到楼外。

随后她又冲上楼，扶着
老师赶到安全的操场上。

地震刚刚过去，阳玉洁又
开始安慰被吓哭的同学。

何翠青的青蛇情结（2014-07-21）

阳玉洁　12:46:59

　　有人吗？

张博　12:47:14

　　没人。

阳玉洁　12:47:22

　　你是——

阳玉洁　12:47:24

　　你好。

阳玉洁　12:50:38

　　干吗？

张博　12:55:32

　　没事。

阳玉洁　22:36:40

　　么么哒们。

阳玉洁　22:37:57

　　博哥，那么大了还流鼻涕。

阳玉洁　22:38:11

　　还是青儿，可爱。

何翠青　22:38:30

　　是不是天热得了空调病了？

阳玉洁　22:39:10

　　脑子出毛病了。

张博　22:39:26

　　看你们挺闲嘛。

何翠青　22:39:34

　　姐姐关押至今，西湖满是她的眼泪。

何翠青　22:39:44

　　你不也一样。

张博　22:40:04

　　我忙着呢。

阳玉洁　22:40:25

　　你忙啥？

张博　22:40:47

　　忙大事。

何翠青　22:40:53

　　大忙人。

阳玉洁　22:41:07

　　忙着毕业。

张博　22:41:20

　　翠青在干什么现在？

何翠青　22:42:23

　　阳，通知书拿到了吗？

何翠青　22:42:23

工作了。

阳玉洁　22:42:36

还没有哦。

张博　22:42:39

在哪里工作啊？

何翠青　22:42:52

重庆。

张博　22:43:08

嗯！不错。累不累呀？

何翠青　22:43:43

你现在在哪里？

何翠青　22:44:01

还好，朝九晚五。

阳玉洁想给张博做老板娘，不过中间还横亘着一个"嫂子"（2014-07-24）

张博　22:45:04

我在北京工作。

何翠青　22:45:19

我爸爸让我回重庆。

何翠青　22:45:49

学校让我去北京或者上海，结果还是听了爸爸的。

张博　22:46:01

嗯！跟着家人还是好。

阳玉洁　22:46:09

重庆这么热。

阳玉洁　22:46:19

受不了的节奏。

何翠青　22:46:25

我都受不了。

张博　22:46:42

阳玉洁你过去就成猪了。

何翠青　22:46:48

天天衣服都湿嗒嗒。

张博　22:46:50

烤乳猪。

何翠青　22:47:18

张博从事啥工作？

阳玉洁　22:47:35

博哥，我们一起成——

阳玉洁　22:47:42

大老板。

何翠青　22:47:57

待在北京能见习大大。

阳玉洁　22:47:58

我以后当老板娘。

阳玉洁　22:48:00

哈哈！

何翠青　22:48:09

哈哈！

张博　22:48:30

　　啊？我当不了老板。

何翠青　22:48:50

　　做什么呢？

何翠青　22:49:20

　　阳是大老板娘。

阳玉洁　22:49:33

　　谢谢。

张博　22:49:45

　　得意。

阳玉洁　22:49:47

　　博哥，你必须当老板。

张博　22:50:03

　　why？

阳玉洁　22:50:26

　　我是老板娘。

何翠青　22:51:16

　　只有你当了老板，阳才有老板娘可当。

阳玉洁　22:51:29

　　哈哈！

张博　22:51:37

　　哪个借钱给我，我来当大老板？

阳玉洁　22:51:54

　　哈哈！

何翠青　22:51:59

　　我把车给你。

张博　22:52:09

　　可以。啥时候给？

阳玉洁　22:52:15

　　我来当老板娘，嫂子我养。

何翠青　22:52:19

　　两个轱辘赞助给你。

张博　22:53:14

　　这个不懂了。我当老板，你当老板娘，嫂子你养？

何翠青　22:53:22

　　手动挡。

阳玉洁　22:53:45

　　老板和老板娘又不是非要是一对。

何翠青　22:54:17

　　阳是想给你投资。

阳玉洁　22:54:22

　　对。

阳玉洁　22:54:29

　　青儿，聪明。

何翠青　22:54:30

　　她管钱。

阳玉洁　22:54:47

　　必须点赞。

张博　22:55:29

　　好，多给我投资点！

阳玉洁　22:55:43
　　博哥，懂么？我没有其他想法的。

何翠青　22:56:21
　　不要解释。

张博　22:56:29
　　懂了。

阳玉洁　22:57:02
　　玲玲，你在干吗？

阳玉洁　22:57:11
　　懂了吧，哈哈！

卿静文　22:57:12
　　发这个过来是几个意思。

何翠青　22:57:22
　　流量党伤不起。

阳玉洁　22:57:51
　　我也是，今天断网了。

张博　22:57:52
　　是想你们了。

张春玲　22:57:54
　　看还有几个夜猫子。

七夕节快到了（2014-07-24）

何翠青　22:57:58
　　运营商还没支持过来。

阳玉洁　22:58:03
　　哈哈！

何翠青　22:58:25
　　好多。

张博　22:58:54
　　我误解了。

阳玉洁　22:59:20
　　我还以为你想我们了，我想多了。

张春玲　22:59:23
　　误解啥了，波哥？

张春玲　22:59:36
　　我啊？

阳玉洁　22:59:58
　　老板，啥时候改名儿了？

张博　23:00:01
　　是博哥。

卿静文　23:00:27
　　博哥，波哥，都是哥。

张春玲　23:01:05
　　就是。

阳玉洁　23:01:12
　　对了，波哥呢？

阳玉洁　23:01:19
　　王波。

张春玲　23:01:35
　　还是静文姐懂我。

何翠青　23:01:37
　　王波。

卿静文　23:01:46
　　失踪了。

阳玉洁　23:02:21
　　呃，好像群里我们几个最活跃。

何翠青　23:02:42
　　大家都有各自的事。

张博　23:02:42
　　哈哈哈！好吧！

阳玉洁　23:04:55
　　有没有王东的QQ啊？

张春玲　23:06:17
　　孩儿们收拾打道回府休息了，晚安。

张博　23:06:17
　　有吧！

张博　23:06:48
　　安。

何翠青　23:07:00
　　晚安。

阳玉洁　23:07:27
　　晚安。

张博　23:08:10
　　你想东哥了？

张春玲　23:08:11
　　谢谢，晚安。

阳玉洁　23:08:47
　　是啊。

张博　23:09:31
　　邀请他进来了。

阳玉洁　23:09:43
　　嗯哼。

张博　23:10:16
　　啊？

阳玉洁　23:10:37
　　我看见他的号了，头像没亮。

张博　23:11:17
　　很久没在了。

阳玉洁　23:12:26
　　好吧。

阳玉洁　23:12:42
　　七夕快到了。

张博　23:14:22
　　啊？什么是七夕？

阳玉洁　23:14:44
　　我追你了哈！

张博　23:15:52
　　啊？你？能行吗？

阳玉洁　23:16:49
　　要不试试？

张博　23:17:32
　　试一试你也不行。

阳玉洁　23:18:01
　　哈哈，混蛋。

阳玉洁　23:19:12

　　没精力追你。

张博　23:20:08

　　哈哈哈哈！

阳玉洁　23:20:22

　　我要追男神。

张博　23:21:25

　　谁？

张博　23:21:30

　　马健？

阳玉洁　23:21:54

　　马健啊，马健潇洒去了。

阳玉洁　23:21:59

　　不是哈。

张博　23:22:11

　　那是谁？

阳玉洁　23:22:57

　　你是说小学的，初中的，还是高中的？

阳玉洁　23:23:41

　　为什么你会觉得是马健啊？

张博　23:25:16

　　有图有真相了的嘛。

阳玉洁　23:25:20

　　我觉得马健哥哥会找个美国姑娘的。

阳玉洁　23:27:31

　　哈真相嘛，瞎扯。

阳玉洁　23:30:02

　　干吗啊？

张博　23:30:28

　　没事，睡觉。

张老师又出书了（2014-10-07）

张老师　10:37:20

　　温馨提示各位同学：我这本《与苏东坡分享创造力》的书，已经出版，考虑到张老师不太高的学问和不大上档次的人品以及不上镜的长相，大家在方便的时候，觉得可以做一点力所能及的支持张老师的工作的，可以稍微做一下不同层次的工作，对他的劳动予以鼓励。

　　第一个层次：自己把书读完，边读边跟我交流，双方提高；把自己的读书体会跟以前的小学、中学、大学老师交流，跟自己的工作同事进行交流。

　　第二个层次：选择其中涂色、图表部分进行阅读，做相应的点滴交流，在当当网、亚马逊网本书栏下做相应的评价，好坏我都接受。

　　第三个层次：把评论在微博、微信及QQ上，做相应的宣传。

　　第四个层次：关注。

　　本书很贵，在当当和亚马逊网售价是30多，如果经济条件不允许，还请不要勉强哈。

　　另外，如果来成都找张老师，书就赠送啦。

张老师　10:39:07

　　当年《我们在长大》一书因为各位的宣传，销售了将近20000册。本人这本书，我希望能够成为畅销书。

阳玉洁 10:42:47
我要签名本。

张老师 10:53:03
可以哈。

杨琳 10:58:50
张老师，求赠送。

阳玉洁 10:59:09
哈哈！

阳玉洁 10:59:26
过两天来找你讨一本签名本。

阳玉洁 11:00:01
不对。

杨琳 11:00:06
帮我也要一本。

杨琳 11:00:20
顺便附上照片。

阳玉洁 11:00:30
是去讨签名。

杨琳 11:00:43
我是要书。

阳玉洁 11:00:52
可以，给你邮过来，哈哈！

杨琳 11:00:58
顺便要你们俩的合照。

杨琳 11:01:06
你给我寄过来。

阳玉洁 11:01:10
嗯嗯。

杨琳 11:01:13
我给你寄特产。

阳玉洁 11:01:14
可以。

杨琳 11:01:25
成交嘞。

杨琳 11:01:43
美哈。

阳玉洁 11:02:18
就是以前你穿过的那件。

杨琳 11:05:15
嗯嗯。

杨琳 11:05:36
我该吃饭去了，明天有考试。

阳玉洁 11:05:47
去吧。

杨琳 11:06:02
还在复习，结果看着书就玩起了手机。

阳玉洁 11:06:20
哈哈！

杨琳 11:07:07
你一定要去张老师那里拿书哟。

阳玉洁　11:07:21

> 好的！

阳玉洁　11:07:41

> 等你空了，我给你说件有趣的事。

谈论一个涉嫌欺诈的人（2014-10-27）

阳玉洁　9:15:50

> 太奇葩了！

梁强　12:20:45

> 算算你11月11日最应该请谁吃饭！
>
> 只可以算一次，第二次就不准了。
>
> 1到9选一个你喜欢的数字，先乘3，再加3，再乘3，最后把个位和十位相加。所得结果在下面：
>
> 1. 前任男友/女友
> 2. 现在身边的好朋友
> 3. 曾经暧昧的人
> 4. 发小
> 5. 家里的亲朋好友
> 6. 现任男友/女友
> 7. 父母
> 8. 同学
> 9. 梁强
> 10. 情敌
>
> 知道你很难相信，但事实就是这样，请你诚实地面对你的心。赶紧给这个人打电话，请TA吃饭，得提前预约。

马健　22:01:36

> 发小。

张博　2014-11-03　8:12:59

> 你们还好吗？

梁强　8:20:29

> 看来大家都一早就看到消息了。

张博　8:21:23

> 又把我们推向风口浪尖了！

梁强　8:24:40

> 为人正直，处事低调，没什么大不了的。

张博　8:26:22

> 当初就看出他的劣影了。

梁强　8:28:19

> 哎……前段时间我们几个和张老师在成都聚餐，还谈到了他……

张博　8:29:42

> 嗯。是呀！四川人说不得，一说就出现了。

梁强　8:30:55

> 呵呵，就是，前段时间也是，正想起他，就在新闻上看到他了。

何翠青　8:49:35

> 看到这消息，有点痛心，怎么就这样了呢，希望他能够早一点醒悟。

梁强　8:51:48

> 咋把我私房照爆出来了@何翠青。

何翠青　8:52:20

　　窃取。

何翠青　8:57:36

　　好的东西是要大家分享的嘛，对吧@梁强。

梁强　8:58:32

　　好吧，那我再爆一张自己的靓照。

何翠青　8:59:14

　　我们不想看。

梁强　8:59:26

　　相亲求友。

何翠青　8:59:30

　　白净好多。

梁强　8:59:55

　　帮我拿去给我介绍gf吧……跪求。

何翠青　9:01:14

　　那什么……我好像有事，先撤了哈。

何翠青　9:02:42

　　对象会有的，不要着急。

张老师　9:07:55

　　那年在广元的火车站，我记得好像很不客气地提醒过他，通过看手相，不晓得哪个还有印象？唉，令人酸楚的少年啊——

梁强　9:09:49

　　嗯嗯。

张老师　9:10:30

　　在那本漫画书里，我似乎也不敢面对他的未来，

在文字上做了一个空白的处理。

张老师　9:13:50

　　知道他的问题所在，而对他的滑落无能为力，这是非常悲哀的事情。

张老师　9:15:04

　　《我们在长大》续集咋个编写哦？

梁强　9:16:01

　　形形色色才有意思呀，续集绝对畅销！

张老师　9:23:06

　　11月9日，在成都的同学，来哈，神仙树南路35号，竹叶青论道生活馆，张花氏《与苏东坡分享创造力》发布会。

张老师　9:23:50

　　我有话跟大家分享。

梁强　9:24:16

　　顶。

韩加育　9:40:55

　　给张老师顶起。

阳玉洁　10:23:30

　　蒙田：依我看，最美丽的人生是以平凡的人性作为楷模，有条有理，不求奇迹，不思荒诞。

张老师　10:25:42

　　【活动】通知：欢迎参加《与苏东坡分享创造力》首发式暨东坡提梁壶捐赠仪式

　　公元1056年，苏轼与父亲苏洵、弟弟苏辙离开故乡眉山，经由成都，辗转三千里前往京城，参加

进士考试，由此开始了一代文坛宗主的创作和仕宦之路。

苏轼晚年，闲居宜兴蜀山，制作了紫砂名器，宜兴人为纪念东坡，遂名其壶为"东坡提梁壶"，千百年来，已成宜兴制壶大家必相慕作的紫砂名器。

公元1101年，苏轼逝世于常州（宜兴时名为阳羡，辖归常州，今又属无锡），"东坡提梁壶"由此名重于其地。

公元2014年，东坡研究者、作家、《与苏东坡分享创造力》一书的作者张花氏一行旅过宜兴，识得当代紫砂壶制作工艺师、陶磊轩主人汤建林，并由其作向导，游览"东坡书院"，看到由国家工艺美术大师徐汉棠老先生制作的紫砂东坡先生雕塑，深感其学养功力之超卓，又赏其手制之"东坡提梁壶"，叹为美器。一问，方知徐汉棠老先生正是汤建林先生外公。

文化的沟通也许在一念之间。张花氏赠其新作《与苏东坡分享创造力》与汤建林，并盛邀其制作一款"东坡提梁壶"，邀请四川金石专家向黄题款，四川著名书画家云巢画竹，遂令此壶一变而为稀世之品。归而告知眉山三苏祠博物馆，后者感其高行，欣然决定将此"东坡提梁壶"永久馆藏。

这便是《与苏东坡分享创造力》首发式暨东坡提梁壶捐赠仪式"的由来。

一本书，一把壶，一个是东坡蕴奇蓄秀的生地，一个是东坡文星陨落的归乡，经由一本书，一把壶，串连起眉山和宜兴两个城市的文化故事。

感受"散为百东坡"的文化魅力，分享苏东坡创造力的故事。蜀山书院与眉山三苏祠博物馆、竹叶青论道馆盛邀各位朋友光临首发式暨捐赠仪式。一个充满墨香与泥香还有茶香的下午，我们共同见证"东坡提梁壶"华丽转身、艳光四射的呈现，亲口品尝从这把壶里溢出的仙风道骨、玉液琼浆般的芬芳。

我们邀请了四川省作家协会、四川出版集团、四川大学出版社等单位相关领导以及眉山三苏祠博物馆馆长等文化界名人与会，分享这本书深刻的文化内涵和文化影响力，并奉赠张花氏等人的诗集《江南醉题》。同时，我们将拿出一款由汤建林大师制作的紫砂壶，作为抽奖礼品，幸运的你，或许有机会抽中哦。

11月9日，我们与苏东坡不见不散。

仪式举行时间：11月9日（周日）下午3时。

地点：神仙树千禧酒店隔壁"竹叶青论道生活馆"（和洋咖啡店星巴克是邻居哦，好找得很）。

预订电话：138×××××××，张花氏本人亲自接听。

或者关注微信公众账号"蜀山书院"并发送参加信息。

温馨提示：神仙树为从北到南单行，路边有占道停车场，但是只能停右边，不能停左边，停左边警察叔叔要贴单子。如果路边停车场没有位置，可停进千禧酒店，费用略高，但比一张罚款单还是节省多了。

阳玉洁　10:40:05

需要穿得很正式么？

韩加育　10:40:53

　　能轻装上阵？

张老师　10:42:20

　　可以，张老师即一爽利人。

阳玉洁　10:43:00

　　我还说来一条小黑裙，加一件小西服呢。

张老师　10:43:53

　　你们上午到，帮助安排下场地哈。

阳玉洁　10:44:03

　　好的。

韩加育　10:50:23

　　要得。

韩加育　10:51:15

　　哈哈。

阳玉洁　12:25:00

　　什么时候能结束？@张国文

张老师　12:53:42

　　一个小时多一点。

杨琳　13:17:15

　　张老师我要来。

杨琳　13:17:27

　　快来接我。

梁强　13:17:51

　　不。

杨琳　13:18:57

　　干吗，你！

杨琳　13:19:06

　　为啥不让我参加？

梁强　13:22:25

　　自己来。

杨琳　13:22:45

　　不行啊，要请假。

梁强　13:26:19

　　然后呢？

梁强　13:26:21

　　什么？

杨琳　13:26:29

　　光头强来接我。

杨琳　13:26:38

　　或者给老师打电话。

杨琳　13:26:56

　　说我需要回成都一趟。

杨琳　13:27:26

　　然后你挣钱了，你还要帮我报销一半车票。

杨琳　13:27:28

　　哈哈！

杨琳　13:33:17

　　对啊，当初张老师看过手相的。

杨琳　13:33:23

　　我记得很清楚。

梁强　13:34:05

　　在哪儿接你嘛？

杨琳 13:34:07
当时我们一起坐火车，因为暴雨，所以我们在广元下了，改坐飞机。

梁强 13:34:41
我也在。

杨琳 13:35:00
嗯，当时你在。

梁强 13:35:11
哦，嗯，啊。

杨琳 13:35:28
傻啊！现在你来接我。

梁强 13:35:33
问你在哪儿，周日来不来，要在哪儿接你！！

梁强 13:35:44
现在？

杨琳 13:35:50
我现在在杭州。

杨琳 13:36:01
要来的话，我需要提前请假。

梁强 13:36:03
晕，自己玩儿去吧。

杨琳 13:36:18
你就放弃治疗我了。

杨琳 13:37:01
坏人。

梁强 13:37:03
那咋办？还要我怎么治疗你？

杨琳 13:37:19
你要不帮忙订票？

杨琳 13:37:20
哈哈。

杨琳 13:37:28
回来把钱给你。

杨琳 13:37:37
杭州飞成都。

杨琳 13:37:39
哈哈！

梁强 13:37:51
你这是骗钱的吧？QQ号被盗了？

杨琳 13:38:09
啥子哦？

杨琳 13:38:12
我是杨琳。

杨琳 13:38:16
是真的。

杨琳 13:38:20
不是被盗了。

梁强 13:38:33
说个你的秘密。

杨琳 13:39:27
你脑袋被预制板夹过。

梁强　13:39:43

晕，好吧，就是你。

杨琳　13:39:44

我给你写过信。

杨琳　13:39:54

去过你家玩。

杨琳　13:40:11

让你帮忙买袜子你没买。

梁强　13:40:20

"你脑袋被预制板夹过"——这话就你会说。

梁强　13:40:35

够了，不要再爆料了。

杨琳　13:40:42

嗯。

杨琳　13:40:54

好嘛，还知道你一个秘密。

杨琳　13:41:14

走楼梯摔倒流鼻血。

梁强　13:41:49

晕，啥时候？

杨琳　13:42:14

嘿嘿，有没有长变？

梁强　13:42:25

咦，猪鼻子。

杨琳　13:42:45

嗯，就鼻子比较平。

梁强　13:42:47

黑眼圈淡了。

杨琳　13:43:15

嘿嘿，因为睡眠很充足。

杨琳　13:44:21

不和你聊了，我该准备东西去了。

杨琳　13:44:23

拜拜。

记录：我的十年成长·杨　琳

永远在路上，永远要前进

　　每年的5·12我都无法忘记。地震时我被压在预制板封闭狭小的、不能正常呼吸的空间里，在等待救援人员营救时，我内心十分恐惧，甚至绝望。我发现身边的另外两名同学也很担心无法生还的时候，我立刻停止了这些绝望的想法。我们相互鼓励，相互加

油。毕竟空间太过于密闭，我呼吸越来越弱，很快有了睡意，身边的同学用力呼喊让我不要入睡，其实我的身体因为压在坍塌的楼房下太久，早已没力气了。救援人员发现了我们，但是同学的双腿却被压在预制板下面，营救起来相当困难。我听见外面的营救人员说，这个预制板无法移动，所以我配合外面的叔叔一块推开同学，想让他尽快出

去，这用完了我所有的力气。正当我也快得救时，突如其来的余震，让我又被困住，我与外面的救援人员又分开了，希望又立马变成绝望。无论我在里面怎样喊，他们都听不到，我孤独地挣扎着自己的身体，想试着爬出去。幸运的是，倒塌的预制板看似密不透风，但是由于它的形状不规则，中间也有木棍支撑，使我能躲过这场灾难。我一点点地挪动自己的身体，头伸出去看到了外面的一切——面目全非，平日里学习玩耍的校园，变成了废墟。解放军叔叔、消防官兵、志愿者，他们不惧艰难险阻，不放弃希望，他们在灾难面前，奋勇救人，我感觉好温暖。这时解放军叔叔发现了我，将我背出了这个被地震摧毁的校园，我也捡起了废墟下一些同学未能完成的梦想，带着它们继续前行。

作为第一批前往浙江治疗的伤员，我被送往浙江省人民医院。在一个多月的治疗康复中，我与浙江省人民医院结下了深厚的感情。在医院领导、护理部及好友的关心、温暖下，阴影在慢慢淡去。显然2008年这场灾难揪住了全国人民的心，杭州当地的一些老师前来给我补习功课，还有和我同龄的同学来陪我谈心，医院里手术室的护士陈荷芬阿姨帮我安抚内心的伤痛。我在骨科治疗期间，骨科护士长钭晓帆和骨科医生一直悉心照顾我、鼓励我，使我能很快康复。还有一些人，特地做一些四川菜带给我吃。我很喜欢杭州，一个月之后我就出院回家，继续读书，但却和浙江省人民医院的护士阿姨、院领导结下了深

厚的情谊，并和他们一直保持着联系。

回四川后不久，浙江省人民医院的陈新华书记还前来我的家乡看望我，送给我一些衣服、生活用品和书本，骨科的护士阿姨们还给我做了一些小礼物。我住院时她们就无微不至地照料我，开导我，我耳濡目染，慢慢喜欢上了医生、护士这个职业。我在高考填志愿时报考了四川泸州医学院护理专业，实现了当医务工作者的梦想。2014年我前往浙江省人民医院实习，实习期间，我遇到很多难题。带教老师让我去做护理时，我听不懂他在说什么；病人需要帮助时，我也不明白他们表达的是什么意思。当时我很苦恼。我租的房子离医院较远，每天凌晨5点半坐公交车去上班。每天下班后内心很困惑，不明白自己学到的究竟是什么，实践和课本上老师讲的也不一样。吃饭也是难题，四川的菜口味偏重，我自己无辣不欢，嘴巴多次抗议，嫌菜清淡无味。我不知道我把自己封闭起来了，不愿意和人多交流，也不愿告诉家人自己在杭州的情况。后来护理部主任发现了我的问题，我的带教老师鼓励我，骨科的护士阿姨们也在给我加油，他们说当初那么严重的病痛都挺过来了，语言和环境方面的困难肯定能克服。医院的黄东胜院长，很重视我在医院的实习情况，护理部专门派有经验的护理老师对我进行重点带教，所以我才能在良好的环境中逐步掌握护理技术。我也接到四川泸州医学院的老师和同学的电话，那次老师和我聊了很久。我之前隐瞒自己的问题，不愿学习，不肯进步，觉得现实和想象有差距时，开始退缩、胆怯。我开始坦诚地面对自己所遇到的一切问题，积极寻找解决办法，开始慢慢融入到工作生活之中。其实我知道自己有很多不如别人的地方，老师、同学的帮助让我重新认识了杭州，也克服了困难，慢慢听懂了病人的倾诉，掌握了护理知识，习惯了吃杭州菜。我很感激这些老师同学，他们耐心地教导我，帮助我，我再一次觉得自己很幸运，遇见这么多杭州好人。

2015年招聘的时候，浙江省人民医院提前录取了我，我很开心很激动，也更多地感受到了自己身上的责任，在这个高起点平台上，我该做出更多的贡献，更好地服务病人。我深知自己的不足，我想努力去追赶那些优秀同学的步伐，奉献出自己的爱心，做一个对国家和社会有贡献的人，不辜负关爱

我成长的千千万万的人们，努力成为他们期待的样子。

时光荏苒，我已经工作两年了。在科室的密切配合和支持下，在护士长及科主任的帮助下，我本着"以病人为中心"的临床服务理念，发扬救死扶伤的精神，踏踏实实做好医疗护理工作，认真地完成了工作任务。护理部为了提高每位护士的理论和操作水平，每月进行理论及操作考试，我从中受益良多。通过考试，我的护理知识无论是理论还是实践都得到巩固和提高。"三分治疗，七分护理"，我也越来越认识到护理工作的重要性。曾经有人说过："拉开人生帷幕的人是护士，拉上人生帷幕的人也是护士。"护理工作是一门精细的艺术，护士要有一颗同情的心，要有一双愿意工作的手。护士应该会用她们的爱心、耐心、细心和责任心解除病人的病痛，用无私的奉献支撑起无力的生命，让他们重新扬起生活的风帆，让痛苦的脸上重绽笑颜，让一个个家庭都重现欢声笑语。我会尽自己最大的努力工作，让更多的家庭充满欢声笑语。

我知道，自己要做的工作还有很多，要学习的东西也多。我从来没有认

　　为自己的目标已经实现，我永远在路上，永远要前进。我为自己的工作感到光荣，我也会秉承一个护士该有的道德品质及素质，努力做好自己的工作。

　　希望我们都有高尚的道义感，深厚的社会责任感，如冰心所写的那样：爱在左，同情在右，走在生命的两旁，随时撒种，随时开花，将这一径长途点缀得花香弥漫。使得穿花拂叶的行人，踏着荆棘，不觉痛苦，有泪可落，却不悲凉。

记忆：那个特殊时刻·杨 琳

教学楼坍塌后，杨琳被埋在一个狭小的空间里。利用这个空间，杨琳将两名同学成功推到安全地带。

这时，她自己却被余震中滚落的石头砸中，动弹不得。

我要活下去！

当她醒来时，她看见废墟中透出一丝亮光。借着光亮，她小心翼翼地把砖石拂开，勇敢而又艰难地爬了出来！

164

刚爬出来，小杨琳就昏倒在废墟上。被送入医院后，医生发现她的骨盆、下巴、颅骨、双脚等多处被挤压、砸伤。她忍受着常人难以忍受的阵阵剧痛。

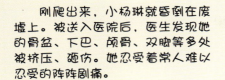

可是当人们走进小杨琳的病房时，却常常看到她躺在床上和身旁的奶奶聊天，脸上没有一丝痛苦和惊恐。

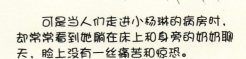

杨琳身上散发出的对生命的执著和顽强总是让人们深深地感动！

纪实：十年成长大家聊·之十四

杨琳参加工作了（2014-11-03）

张老师　14:06:07
　　杨琳很漂亮。

梁强　14:06:37
　　不错。

张强　14:29:07
　　雷楚年怎么了？这是真的吗？

韩加育　14:30:03
　　看了张博的链接，应该是。

张强　14:31:04
　　真不敢相信哦。

张老师　17:16:48
　　杨琳好像漂亮好多了。

何翠青　17:19:10
　　现在都是护士了？

张老师　17:19:36
　　嗯。

卿静文　18:05:38
　　大姑娘。

何翠青　18:13:27
　　我也好想去。

阳玉洁　18:38:50
　　@杨琳，给我你的工作地址。

杨琳　18:40:27
　　嗯。

杨琳　18:40:48
　　浙江省人民医院，杭州市上塘路158号，杨琳收。

杨琳　18:40:50
　　哈哈。

杨琳　18:41:13
　　Tel:187××××××××。

阳玉洁　18:42:35
　　好的，收到。

杨琳　18:48:07
　　欢迎大家骚扰我。

杨琳　18:48:32
　　嘿哈，你们可以用零食砸我哦。

阳玉洁　18:48:48
　　邮编？

杨琳　18:49:15
　　邮编我不清楚耶。

阳玉洁　18:49:27
　　问去。

杨琳　18:49:33
　　嗯。

阳玉洁　18:49:41
　　嗯嗯。

杨琳　18:50:18
　　310000。

杨琳　18:50:33
　　不晓得是不是错的邮编。

杨琳　18:50:37
　　感觉好诡异。

阳玉洁　18:50:53
　　没有吧。

杨琳　18:51:09
　　好嘛。

杨琳　18:51:17
　　我等着书和豆腐干。

阳玉洁　18:51:27
　　嗯嗯。

杨琳　18:51:38
　　还有，叫梁强帮我买糖。

杨琳　18:51:39
　　哈哈。

杨琳　18:51:50
　　一块寄来。

阳玉洁　18:52:19
　　好的，一定。

杨琳　18:56:22
　　谢谢，么么哒。

阳玉洁　18:56:49
　　不客气。

梁强　19:00:06
　　毛线！不买。@杨琳

阳玉洁　19:00:20
　　过分。

杨琳　19:01:25
　　臭梁强。

杨琳　19:01:36
　　太让人伤心了。

杨琳　19:02:25
　　好歹也是认识好几年的朋友加兄长，加——

杨琳　19:03:18
　　刚刚看了你转的链接。

杨琳　19:06:45
　　我的感受是：

杨琳　19:14:01
　　社会就像一张网，有时需要提防，多留个心眼，
　　话也不能说太满，给自己留退路。感觉我也学到

了很多，有时不经意的一句话，就给别人留下话柄。时间可以冲淡一切，只要心里向着阳光就不会有悲伤。大家一起加油吧，向我们的佳明哥和申龙哥学习学习。

阳玉洁　19:14:30

是的。

杨琳　19:15:17

嘿嘿，你懂？

杨琳　19:16:09

道理大家都懂，可是生活就是喜欢折腾人，撑下去就看见希望了。

梁强　19:35:28

受教了！

杨琳　19:45:39

光头强，给我买糖啊。

杨琳　19:46:00

有一种很好吃的糖果。

梁强　19:46:46

长蛀牙！！！！到时候医生叔叔拔牙牙很疼的哟！不吃糖糖哈！乖……

杨琳　19:47:44

嗯，不要糖了，要辣的东西。

杨琳　19:48:15

很辣的牛肉干。

杨琳　19:48:20

哈哈。

梁强　19:48:26

不要啦！辣的东西吃了容易长痔疮。

杨琳　19:48:46

不用怕，我在医院。

杨琳　19:48:57

可以分享给朋友。

梁强　19:49:08

为了你好，还是算了吧。

杨琳　19:49:31

好嘛，那要袜子。

杨琳　19:49:35

保暖，哈哈！

梁强　19:50:00

你是不是非要宰我一下，你才爽？

杨琳　19:50:09

很厚的那种，可以不让我冻着。

杨琳　19:50:43

没有啊！就是觉得朋友间相互照应一下嘛。

梁强　19:50:44

好好好！

梁强　19:50:50

买十双。

杨琳　19:51:43

　　要不了这么多。

梁强　19:51:57

　　那二十双。

杨琳　19:52:01

　　给阳玉洁一些吧。

杨琳　19:52:10

　　好嘛，二十双。

梁强　19:52:18

　　晕……还以为你不要那么多。

阳玉洁　19:52:19

　　哈哈，这个好。

梁强　19:52:30

　　20元一双，买一双。

阳玉洁　19:52:47

　　你怎么能这样！

杨琳　19:52:54

　　太抠门了！

梁强　19:53:21

　　两双嘛，一人一双可以了吧？

杨琳　19:53:37

　　我要粉红色。

阳玉洁　19:53:43

　　二十双。

杨琳　19:53:53

　　@阳玉洁，你呢？

杨琳　19:54:12

　　我要袜子和手套。

阳玉洁　19:54:14

　　二十双。

杨琳　19:54:20

　　手很凉。

梁强　19:54:21

　　两双，要就要，不然一双都没有。

杨琳　19:54:31

　　要。

阳玉洁　19:54:39

　　要，我要五指袜。

梁强　19:54:42

　　还要什么糖和牛肉来着？

杨琳　19:54:51

　　不要了。

梁强　19:55:07

　　要嘛要嘛。

杨琳　19:55:18

　　就是袜子，我和阳玉洁都要。

阳玉洁　19:55:27

　　嗯嗯，是的。

梁强　19:55:50

好嘛。

梁强　19:56:06

还有谁要？

杨琳　19:56:08

嗯？

卿静文　20:00:48

强哥，这是光棍节的福利哇？

杨琳　20:01:27

美丽的卿姐来了！

杨琳　20:01:34

欢迎欢迎，热烈欢迎！

卿静文　20:02:07

大家都美丽美丽。

梁强　20:02:15

嘘，低调，装装土豪。

杨琳　20:02:46

光头强该不会只买一元一双的吧？

梁强　20:02:56

要不给你来一双？@卿静文

杨琳　20:03:34

卿姐要裙子。

卿静文　20:03:55

我就算了。等会你女朋友恨死我们这一群人了。

杨琳　20:04:11

要让她美美地去参加张老师的会议。

卿静文　20:04:52

张老师会议什么时候？

杨琳　20:05:04

11月9日。

阳玉洁　20:05:20

我也要裙子。

卿静文　20:05:26

星期天。

卿静文　20:05:29

哈哈哈！

卿静文　20:05:45

等会强哥不敢说话了。

杨琳　20:05:53

【活动】通知：欢迎参加《与苏东坡分享创造力》首发式暨东坡提梁壶捐赠仪式

公元1056年，苏轼与父亲苏洵、弟弟苏辙离开故乡眉山，经由成都，车船辗转三千里前往京城，参加进士考试，由此开始了一代文坛宗主的创作和仕宦之路。

苏轼晚年，闲居宜兴蜀山，制作了紫砂名器，宜兴人为纪念东坡，遂名其壶为"东坡提梁壶"，千百年来，已成宜兴制壶大家必相慕作的紫砂名器。

公元1101年，苏轼逝世于常州（宜兴时名为阳羡，辖归常州，今又属无锡），"东坡提梁壶"

由此名重于其地。

公元2014年，东坡研究者、作家、《与苏东坡分享创造力》一书的作者张花氏一行旅过宜兴，识得当代紫砂壶制作工艺师、陶磊轩主人汤建林，并由其向导，游览"东坡书院"，看到由国家工艺美术大师徐汉棠老先生制作的紫砂东坡先生雕塑，深感其学养功力之超卓，又赏其手制之"东坡提梁壶"，叹为美器。一问，方知徐汉棠老先生正是汤建林先生外公。

文化的沟通也许在一念之间。张花氏赠其新作《与苏东坡分享创造力》与汤建林，并盛邀其制作一款"东坡提梁壶"，邀请四川金石专家向黄题款，四川著名书画家云巢画竹，遂令此壶一变而为稀世之品。归而告知眉山三苏祠博物馆，后者感其高行，欣然决定将此"东坡提梁壶"永久馆藏。

这便是"《与苏东坡分享创造力》首发式暨东坡提梁壶捐赠仪式"的由来。

一本书，一把壶，一个是东坡蕴奇蓄秀的生地，一个是东坡文星陨落的归乡，经由一本书，一把壶，串连起眉山和宜兴两个城市的文化故事。

感受"散为百东坡"的文化魅力，分享苏东坡创造力的故事。蜀山书院与眉山三苏祠博物馆、竹叶青论道馆盛邀各位朋友光临首发式暨捐赠仪式。一个充满墨香与泥香还有茶香的下午，我们共同见证"东坡提梁壶"华丽转身、艳光四射的呈现，亲口品尝从这把壶里溢出的仙风道骨、玉液琼浆般的芬芳。

我们邀请了四川省作家协会、四川出版集团、四川大学出版社等单位相关领导以及眉山三苏祠博

物馆馆长等文化界名人与会，分享这本书深刻的文化内涵和文化影响力，并奉赠张花氏等人的诗集《江南醉题》。同时，我们将拿出一款由汤建林大师制作的紫砂壶，作为抽奖礼品，幸运的你，或许有机会抽中哦。

11月9日，我们与苏东坡不见不散。

仪式举行时间：11月9日（周日）下午3时。

地点：神仙树千禧酒店隔壁"竹叶青论道生活馆"（和洋咖啡店星巴克是邻居哦，好找得很）。

预订电话：138××××××××，张花氏本人亲自接听。

或者关注微信公众账号"蜀山书院"并发送参加信息。

温馨提示：神仙树为从北到南单行，路边有占道停车场，但是只能停右边，不能停左边，停左边警察叔叔要贴单子。如果路边停车场没有位置，可停进千禧酒店，费用略高，但比一张罚款单还是节省多了。

梁强　20:05:55
　　裙子裙子！

梁强　20:06:05
　　裙子裙子！

梁强　20:06:19
　　超短裙，你们好意思冬天穿吗？

杨琳　20:06:47
　　好意思。

杨琳　20:07:08
　　就怕你不好意思买。

感　恩

　　光阴似箭，日月如梭。十年，犹如昙花一现，犹如白驹过隙。随着时间的推移，我也从一个很懵懂的小女孩长成了大人，并且成家了，去承担一个成年人该有的责任。这十年，的确也经历了不少：有痛苦，也有快乐；有坎坷，也有幸运；有失落，也有鼓励……

　　我本是个很平凡的农村残疾女孩，走在哪里都会有人投来有色眼光，但是因为我2008年做了一件很平常的事，成了幸运的孩子。

　　我小时候因为一场意外，脸部被火烧得毁容，左手截肢，无论在校内还是校外，走到哪里都会被人嘲笑和排斥。2008年后，社会志愿者叔叔和解放军叔叔带我去北京做整容手术，手术进行了两年多，在社会众多爱心人的帮助下，我的容貌改变了很多，同时还装了假肢。这一切把我从一个充满恐惧的残疾女孩变成了一个开朗快乐的孩子。毕业了，走入社会，找工作成了家，本想是会一帆风顺，却人生难料，我又得了障碍性贫血，一切都来得太突然，最后自己因身体状况极差而终止妊娠。以为自己过不了这一关，正在徘徊时，与我同窗共读的同学、当年的英雄少年与优秀少年、政府与社会爱心人士都来帮助我渡过了难关，给了我第二次生命！

　　一路走来，真的很感恩给我无私关爱的人，感恩陪我渡过每次难关的人，感恩社会充满正能量的人，感恩政府对我的关心和帮助，感恩社会！

3岁时的一次意外，让张春玲面部重度毁容，左手截肢，右手五根手指每根都只剩两节。

地震发生后，正在向校外跑的张春玲听到身后同学的求救声，她立即停住了脚步，迅速返回去救人。

之后，她马上跑去找来几个大人，共同把杜艳梅救了出来。

张春玲的肩膀却被掉落的石块砸伤，鲜血顺着手臂流淌。5月19日，"帐篷学校"开学了，张春玲和停课7天的460余名同学又走进了课堂。

纪实：十年成长大家聊·之十五

那个事件（2014-11-12）

张春玲　23:58:55
> 雷楚年这傻孩子到底做了些什么啊？

张春玲　0:03:26
> 看了他的报道，觉得我们的脸都丢得差不多了。

张春玲　0:07:42
> 大家要记得自己年轻可以疯下，但是也不要太过了，自己头脑还是要清醒，不要一疯就忘了自己的本质。

张春玲　0:08:57
> 雷楚年的事给了我们一点提醒。

康洁（155301253）　0:21:27
> 嗯。

张老师　9:23:24
> 他不傻，他只是贪欲太大。

杨琳失眠（2014-12-06）

杨琳　1:22:29
> 失眠了。

杨琳　1:24:22
> 求尽快入睡的方法。

马健　1:25:43
> 尽量保持清醒。

杨琳　1:26:05
> 你怎么还不睡？

杨琳　1:26:39
> 我可能太紧张了。

马健　1:28:58
> 我要熬昼。

杨琳　1:29:13
> 好嘛，你赢了。

杨琳　1:29:21
> 我这是晚上。

马健　1:29:24
> 坐下来喝杯咖啡。

杨琳　1:29:28
> 凌晨一点半。

马健　1:29:41
> 下午12点半。

杨琳　1:29:44
> 已经三天没能正常入睡了。

杨琳　1:30:04

我可能有点抑郁了。

马健　1:30:16

你都干吗了？

杨琳　1:30:27

我想不开了。

杨琳　1:30:35

觉得活得很累。

马健　1:30:36

为啥？

杨琳　1:30:44

看不到希望。

杨琳　1:31:07

然后有点自卑了。

杨琳　1:31:22

再然后又变得阴暗了。

马健　1:31:35

额！

杨琳　1:31:36

残酷的现实，打击了我。

杨琳　1:32:04

算了，你不懂。

马健　1:32:13

嗯。

杨琳　1:32:13

自己的事，自己解决。

马健　1:32:24

我要上课去了。

杨琳　1:32:30

拜拜。

马健　1:32:33

努力保持清醒。

杨琳、何翠青相约回家（2015-01-05）

杨琳　11:59:24

@梁强，你的袜子寄到哪里了？

杨琳　11:59:54

@阳玉洁，最近又在忙什么？

杨琳　12:00:37

@卿静文，美丽的卿姐又在干吗呢？

杨琳　12:01:18

@张花氏，张老师的书出版了第几部了？

康洁（155301253）　12:02:12

你真有空。

杨琳　12:02:16

@何翠青，最近你们怎么都消失了？

杨琳　12:02:37

@康洁，你在上海吗？

177

康洁（155301253） 12:02:56

没有，我怎么会在上海？

杨琳 12:03:11

那国庆节你是不是在上海？

杨琳 12:03:17

感觉看到你了。

康洁（155301253） 12:03:31

没有哈。

杨琳 12:03:57

好吧。

杨琳 12:04:17

那你现在在哪里呢？

康洁（155301253） 12:04:21

没有。下了，拜拜。

杨琳 12:05:27

祝你每天开心快乐！

康洁（155301253） 12:05:58

好，谢谢哈。

何翠青 13:02:42

我来了。

何翠青 13:03:05

是杨琳在浙江吗？

何翠青 13:05:12

我在宁波，什么时候回家？一道啊。

杨琳 16:07:34

哦，好哒，我春节当天回家。

杨琳 16:07:46

到时你可以来杭州找我。

何翠青 18:08:52

比我还晚两天。

杨琳 19:17:16

嘿嘿，票买晚了。

杨琳 19:17:21

应该早点买的。

杨琳 19:17:42

你有空时，可以来杭州找我玩。

杨琳 19:17:49

嘿嘿。

何翠青 20:07:49

我还没买到票。

杨琳 20:15:14

这样啊。

杨琳 20:15:33

我都买了845。

何翠青 20:29:58

飞机吗？

杨琳 20:45:11

嗯，机票。

何翠青　20:59:05

　　有票就好。

杨琳　20:59:35

　　嗯嗯。

杨琳　20:59:43

　　你也可以开始买票了。

新年快乐1（2015-02-02）

杨琳　1:16:21

　　你好。

杨琳　1:16:38

　　你大晚上不睡觉?

王磊（1538294977）　1:17:38

　　睡不着,你不也没睡吗?

杨琳　1:17:54

　　值班中。

王磊（1538294977）　1:18:37

　　你现在已经上班了呀?

杨琳　1:18:55

　　实习呢。

王磊（1538294977）　1:19:15

　　挺好的,不知道我们什么时候才能上班呢。

杨琳　1:19:40

　　迟早会上班的。

杨琳　1:20:39

　　在病房里玩手机,貌似不太礼貌。

杨琳　1:20:48

　　改天和你聊。

王磊（1538294977）　1:21:09

　　OK。

杨琳　1:21:09

　　我还是认真学习好了。

王磊（1538294977）　10:09:28

　　早上好。

张博　11:01:16

　　您是?

王磊（1538294977）　12:49:26

　　王磊。

卿静文　19:47:12

　　对,学设计去国外了。

何翠青　19:47:20

　　出国跑好远。

卿静文　19:47:22

　　哈哈哈!

杨琳　19:47:30

　　@梁强,我的袜子。

杨琳　19:47:50

　　我觉得可以去尝试。

杨琳　19:47:58

　　国外毕竟可以学到很多东西。

杨琳　19:48:16

　　人生就一辈子，应该精彩地活着。

杨琳　19:48:35

　　短暂的生命中，去大胆做自己喜欢的事情。

卿静文　19:48:36

　　设计，推荐圣马丁大学。

杨琳　19:48:43

　　支持你。

卿静文　19:48:58

　　对，支持。

张博　20:07:35

　　看晚会呢！

王磊（1538294977）　20:08:47

　　挺好呀。

何翠青　20:10:39

　　台上一排排好霸气。

张博　20:11:15

　　哈哈哈！

何翠青　20:12:36

　　你先专心看，精彩不容错过。

梁强　11:58:19

　　就说昨晚睡觉那么不舒坦，原来有人在这儿黑我！

杨琳　12:50:13

　　注意措辞，没人黑你，你本来就已经够黑了——大家都知道。

杨琳　12:55:09

　　这个冬天很冷，手脚冻得发红，袜子。@梁强

梁强　13:24:42

　　买买买，要的报名。

何翠青　13:25:19

　　年货。

杨琳　21:43:49

　　我要牛肉干、饼干、袜子，我和阳玉洁的，还有卿姐的裙子，翠青的年货。

杨琳　23:12:59

　　臭光头强！

杨琳　20:45:03

　　开玩笑啦。

杨琳　20:45:11

　　不用买的。

杨琳　20:45:20

　　最后提前祝你新年快乐！

杨琳　20:45:35

　　红包多多。

杨琳　21:38:57

　　光头强！

杨琳 21:40:00

有没有觉得我变化很大?

张博 21:41:08

变化很大! 非常大!

杨琳 21:41:23

有吗?

熊弼臣 21:41:49

是的。

杨琳 21:42:09

很酷。

杨琳 21:42:21

快点让我看看你们的照片。

熊弼臣 21:47:53

我们这里太基层了。

熊弼臣 21:47:59

接触不到。

张强 21:48:00

还有晚会看。

熊弼臣 21:48:29

嘿嘿。

张强 21:50:51

过年回家不?

熊弼臣 21:51:03

我第二年。

张博 21:54:20

哥哥都开始第八年了。

熊弼臣 21:55:52

老兵好!

张强 22:06:59

为你们点个赞!

熊弼臣 22:07:57

其实来当兵算是圆了我的梦想。

刘刚 22:42:03

熊猫儿, 好帅。

熊弼臣 22:43:47

刚哥。

熊弼臣 22:44:08

想死你了!

刘刚 22:45:44

好久回北川?

熊弼臣 22:46:02

目前我还没有假期呢。

刘刚 22:46:04

我去拜见你老人家。

刘刚 22:46:12

你现在在哪?

熊弼臣 22:46:52

不不不, 应该我来拜见你才对。

熊弼臣　22:46:53

　哈哈！

熊弼臣　22:46:57

　我在成都。

刘刚　22:47:31

　成都哪？

熊弼臣　22:47:48

　蒲江。

新年快乐2（2015-02-07）

刘刚　22:48:39

　过完年去找你。

熊弼臣　22:49:01

　要得，过来我请客。

熊弼臣　22:49:25

　我喝饮料你喝酒，咱们不醉不归。

刘刚　22:51:32

　你可以出来？

熊弼臣　22:56:38

　可以请假几个小时。

刘刚　22:58:08

　那我是不是太打扰你了？

熊弼臣　23:00:05

　你是我老大哥。

熊弼臣　23:00:41

　谈不上打扰，只要过年我们不接战备，我请假应该没问题。

阳玉洁　23:21:33

　冒泡。

阳玉洁　23:22:17

　@张博，什么时候回来？

张博　7:34:59

　@阳玉洁〔成都〕，不知道呀！过年肯定回来不了！

阳玉洁　22:57:55

　发红包。

张博　22:58:10

　你在发吗？

阳玉洁　23:01:05

　我没有了。

阳玉洁　23:01:10

　你发。

阳玉洁　23:08:21

　我要红包。

张强　23:11:05

　拿去不用客气。

阳玉洁　23:14:13

　@张强！

阳玉洁　23:14:40

　　张强哥哥，发个红包嘛。

张强　23:15:59

　　不是给你了吗？

张强　23:16:49

　　别叫哥哥，把人都给我叫老了。

阳玉洁　23:17:09

　　不开心。

阳玉洁　23:17:09

　　睡了。

卿静文　12:29:12

　　亲们，提前恭祝各位新春快乐！

张强　13:16:26

　　红包啊！祝福了吗，静文，你不表示一下吗？

张春玲　13:17:03

　　你也是呀！

王磊（1538294977）　15:37:12

　　怎么了？

杨琳　17:20:42

　　谢谢，大家羊年吉祥！

何翠青　20:41:11

　　同志们，我已到家准备过年，祝大家新年快乐，天天喜洋洋！

杨琳　20:41:40

　　羡慕。

杨琳　20:41:48

　　你好好过年吧。

何翠青　20:42:12

　　超级累，回家干什么都挤死！

杨琳　20:44:33

　　我还在值夜班呢。

杨琳　20:44:45

　　这种心情拔凉拔凉的。

何翠青　20:47:05

　　快了，你再坚持一天。

杨琳　20:49:18

　　嗯。

杨琳　20:49:29

　　好了，我配药了。

杨琳　20:49:46

　　还是认真干吧，不然会出错。

杨琳　20:50:05

　　拜拜！

张强　18:31:19

　　新年快乐！祝大家在新的一年里，

　　一帆风顺

　　二龙腾飞

　　三羊开泰

　　四季平安

　　五福临门

六六大顺

七星高照

八方来财

九九同心

十全十美

百事亨通

千事吉祥

万事如意

羊年大吉大利!

阳玉洁　21:03:51

新年快乐!

我们爱学习（2015-03-26）

王磊（1538294977）　8:28:56

有人吗?

张博　8:29:04

?

王磊（1538294977）　8:29:24

在干吗?

张博　8:29:37

上班! 你干啥的?

王磊（1538294977）　8:30:30

学生。

张博　8:30:46

那不上学吗?

王磊（1538294977）　8:31:09

上着呢。

张博　8:32:01

那还聊天?

王磊（1538294977）　8:33:41

下课了。

张博　8:34:03

初中还是高中?

张博　8:34:04

?

王磊（1538294977）　8:34:16

大专。

张博　8:38:56

在哪里上学?

王磊（1538294977）　8:39:53

老家。

张博　8:41:38

哪里?

王磊（1538294977）　8:43:14

甘肃。

张博　8:44:23

没事，好好学。

杨琳　8:53:58

快乐最重要。

阳玉洁　10:59:13

　　嗯哪。

王磊（1538294977）　10:59:58

　　你们学校在成都么？

阳玉洁　11:01:55

　　郫县。

张强　11:02:51

　　上课期间聊QQ，当心被逮住哦。

阳玉洁　11:03:49

　　现在没课。

王磊（1538294977）　11:05:28

　　那挺好啊。

张强　11:06:07

　　你们放几天假啊？

阳玉洁　11:06:24

　　一天。

阳玉洁　11:07:07

　　周六要上英语四级。

张强　11:07:11

　　这么悲催。

王磊（1538294977）　11:07:16

　　好像都放假一天吧，干吗要哭呢。

阳玉洁　11:10:08

　　哪有，别人是放两天。

卿静文　11:10:28

　　自己报的补习班还是学校开的课？

张强　11:11:28

　　反正我有4天可以去玩。

卿静文　11:11:34

　　得瑟。

阳玉洁　11:12:06

　　@卿静文，自己报的。

王磊（1538294977）　11:12:14

　　不管怎样，都是最好的安排。

阳玉洁　11:12:19

　　我们五一节七天假呢。

王磊（1538294977）　11:12:32

　　真的假的？

张强　11:13:01

　　看到没，这才叫得瑟，放七天。

阳玉洁　11:13:22

　　真的啊。

王磊（1538294977）　11:13:35

　　好吧。

卿静文　11:15:13

　　好好考，一年两次四六级考试，好好利用。

阳玉洁　11:15:21

　　嗯呐。

又告梁强的状（2015-06-21）

杨琳　18:50:17

　　我必须要爆料。

杨琳　18:50:23

　　那天我去成都。

阳玉洁　18:50:25

　　？

杨琳　18:50:36

　　想请梁强帮我买票回家。

杨琳　18:50:42

　　那人死活不买。

阳玉洁　18:50:44

　　嗯哼。

阳玉洁　18:50:47

　　哈哈！

杨琳　18:50:55

　　害得我都没回去。

杨琳　18:52:29

　　所以，朋友们，如果要去成都，千万不要相信梁强的话。

杨琳　18:52:40

　　啥子包吃包住，统统没有。

杨琳　18:52:50

　　全是喝西北风。

杨琳　18:56:00

　　都够惨了。

杨琳　18:56:21

　　去趟成都，没人投靠。

杨琳　18:57:10

　　那天又热又累又渴。

杨琳　18:57:27

　　过趟端午节不容易。

阳玉洁　19:04:26

　　哈哈！

阳玉洁　19:04:35

　　你端午在成都？

杨琳　19:04:54

　　对啊。

阳玉洁向张博表白（2015-08-02）

阳玉洁　16:49:30

　　我真美。

张春玲　16:50:30

　　第一张好看，第二张性感。

张博　16:51:10

　　第一张呆，第二张傻。

张春玲　16:53:23

　　其实我想夸你。

张博　16:54:03

　　哈哈哈！

阳玉洁　16:59:57

　　张博！

阳玉洁　17:00:00

　　你死了！

张博　17:00:14

　　真的吗？

阳玉洁　17:00:21

　　是的。

张博　17:00:31

　　哈哈哈！我等着呢。

张博　17:00:51

　　哈哈哈哈哈哈！

阳玉洁　17:02:52

　　博哥——

张博　17:03:19

　　咋了？

阳玉洁　17:31:00

　　我爱你。

卿静文　17:33:05

　　如此炫酷。

张博　17:33:17

　　如此炫酷。

卿静文　17:33:45

　　其实我想说，如此劲爆的。

张博　17:33:57

　　哈哈哈！

张博　17:34:08

　　@阳玉洁〔成都〕，给谁表白呢？

杨琳想家了（2015-08-02）

杨琳　17:35:27

　　有没有人帮我介绍工作啊？

卿静文　17:35:33

　　@何翠青。

杨琳　17:35:36

　　我想回四川了。

卿静文　17:35:59

　　四川好热呐。

张博　17:36:10

　　嗯啦！来北京！北京凉快。

杨琳　17:36:15

　　卿姐，求介绍工作。

何翠青　17:36:17

　　对，到处都热。

杨琳　17:36:20

　　还在大城市待。

杨琳　17:36:32

我在杭州都待累了。

杨琳　17:36:41

想回四川。

杨琳　17:36:52

明天要跟医院签合同了。

杨琳　17:36:57

今晚是期限。

卿静文　17:37:26

@杨琳，我只能送你四个大字：智联招聘。

杨琳　17:38:01

噢！不要嘛，救救我嘛。

阳玉洁　17:38:08

怕了吧？

阳玉洁　17:38:08

哈哈！！

杨琳　17:38:12

以后就回不了了。

何翠青　17:38:23

签了不影响的，合同法没有规定签了必须等到期才能辞职。

杨琳　17:38:38

我怕自己在外省，以后就回不来了。

张博　17:38:44

快快！阳玉洁又要表白了！准备好。

杨琳　17:39:00

真的啊！

阳玉洁　17:39:06

@张博，你滚！

杨琳　17:39:15

我以为签了就不能走了。

张博　17:39:17

哈哈哈！

杨琳　17:39:46

翠青也签合同工啊？

杨琳　17:39:57

？

杨琳　17:40:40

杭州已签合同的话，如果违约了，没做满，就要交违约金。

何翠青　17:40:58

辞职提前一个月通知就可以，交上辞呈。

杨琳　17:41:33

我是不打算永远待在这里的。

杨琳　17:41:50

最后还是要回家乡的。

何翠青　17:41:59

不会对劳动者产生违约金的。

杨琳　17:42:21

是吧。

何翠青　17:42:35

　　医院如果辞退你，那你将可以得到补偿金。

何翠青　17:43:00

　　但是在合同期内一般不会有这种情况。

杨琳　17:43:56

　　医院辞退我，那就说明肯定有医疗事故发生了，以后我永远不能学医。

杨琳　17:45:00

　　好麻烦。

杨琳　17:45:21

　　还只能在医院干。

杨琳　17:45:31

　　那你还在浙江吗？

杨琳　17:45:40

　　我休息的时候可以去找你。

何翠青　17:46:02

　　实习期满后必须要签劳动合同的程序，不然医院就是违法。

何翠青　17:46:11

　　我回重庆了。

杨琳　17:46:23

　　你没在浙江了啊。

杨琳　17:46:36

　　我以为你还在浙江的。

何翠青　17:46:43

　　是的，也是想离家近点。

阳玉洁　17:47:06

　　我离家很近哦。

杨琳　17:47:13

　　当初干吗不叫上我？

杨琳　17:47:22

　　我们一起有个伴啊。

阳玉洁　17:47:24

　　？？？

杨琳　17:47:34

　　你们哪个要来杭州玩哟？

杨琳　17:47:39

　　记得来找我啊。

阳玉洁　17:48:14

　　嗯。

杨琳　17:48:25

　　好羡慕阳玉洁。

杨琳　17:48:32

　　羡慕你。

阳玉洁　17:48:49

　　计叔叔在浙江啊。

杨琳　17:48:55

　　你们离家近的，不晓得离家远的痛苦。

阳玉洁　17:49:06

　　不要羡慕我，我只是个传说。

杨琳　17:49:26

　　那个叔叔是谁啊？

杨琳　17:49:47

　　你的叔叔吗？

阳玉洁　17:57:19

　　不是啊。

阳玉洁　17:57:23

　　你也认识啊。

阳玉洁　17:57:39

　　之前老是和憨豆一起的。

杨琳　17:57:48

　　但是他不是在成都吗？

阳玉洁　17:57:57

　　在浙江。

杨琳　17:57:59

　　我知道了，我们还买了礼品。

阳玉洁　17:58:23

　　是啊。

杨琳　17:58:24

　　他是浙江人吗？

阳玉洁　17:58:29

　　是啊。

杨琳　17:58:40

　　啊！他居然是浙江的。

杨琳　17:58:45

　　我都不知道。

杨琳　17:58:49

　　求电话号码。

杨琳　17:58:59

　　以后找他玩了。

阳玉洁　17:59:10

　　我也忘了他的电话了。

阳玉洁　17:59:15

　　问憨豆。

阳玉洁　17:59:30

　　@杨琳，他的公司就在浙江。

杨琳　18:00:39

　　他有什么公司啊？

杨琳　18:00:53

　　憨豆叔叔的电话号码，在我妈手机上。

杨琳　18:01:02

　　我换号了，就没存了。

杨琳　18:01:43

　　我以为他是和憨豆叔叔一样的工作。

阳玉洁　18:02:00

　　是啊。

阳玉洁　18:02:21
之前给他打过电话。

阳玉洁　18:02:27
好久没联系了。

杨琳　18:02:51
你都没我打过电话。

杨琳　18:02:59
和我更没联系了。

阳玉洁　18:03:04
压根没你电话。

杨琳　18:03:10
不会哦。

阳玉洁　18:03:15
没骗你。

杨琳　18:03:29
电话187×××××××××。

阳玉洁　18:03:36
嗯哪。

杨琳的烦恼（2015-08-03）

张老师　14:17:22
杨琳，把你资料传我邮箱。是不是也做护士哦？

张老师　14:17:31
我试试看。

杨琳　14:56:26
张老师，大爱。

杨琳　14:56:43
但是今天已经签了合同了，5年在这里。

杨琳　14:58:00
我主要是离你们太远了，以后张老师和小伙伴有机会来杭州看我，我就满足了。

张老师　14:59:31
杭州可是个好地方，一般人还去不了那地儿呢，好好享受工作，谈个恋爱，生个娃什么的，别浮躁。你这种状况别人羡慕嫉妒恨呢！

杨琳　15:00:19
我怕自己熬不下来。

杨琳　15:00:55
没想谈恋爱，只想不断学习，然后好好工作。

张老师　15:04:03
不慌，等俺把那年有个人的演讲励志的文章翻出来，有了，《在传递爱心中成长》——"我就主动承担起照顾他们的任务，教他们唱歌、做游戏、讲故事，让他们过得开心快乐"——你现在做这些也很好啊。

杨琳　15:06:17
好嘛，哪个人的哦？运气这么好，还让张老师亲自弄，好羡慕他——

张老师　15:07:35

"有一位同学因为父母长期关系不好，而自己也变得孤单封闭，不爱找人交流，并渐渐消沉下去。知道这些后我通过和他聊天，告诉他，班级就是你的家，并经常在学习和生活上帮助他，使他渐渐走出低谷。"

张老师　15:08:25

这个演讲的主人公是都江堰八一聚源高级中学的学生，她叫杨琳。

杨琳　15:13:16

啊？张老师还记得！

杨琳　15:13:22

我自己都忘了！

张老师　15:15:16

可不，有人忘了：自己是一个做别人思想工作的高手，殊不知这方法也可以拿来帮到自己。呵呵！

杨琳　15:17:13

就是啊！我也经常开导别人，开导的例子有很多——失恋啊，人际关系啊，同学考试特别紧张啊，同学谈恋爱后分手啊，都是我去开导别人的。

杨琳　15:17:21

自己现在却这么脆弱。

张老师　15:19:59

正常，哪个人都有心理的烦恼期。

杨琳　15:20:03

对啊！开导别人很容易，自己却钻牛角尖。

杨琳　15:20:37

现在的我，越来越憔悴，身体也差，焦虑。

杨琳　15:21:04

自己还是护士，自己都没照顾好自己，从5月份就一直是这样了。

卿静文　15:21:21

保重身体，很重要，照顾好自己。

杨琳　15:21:50

我知道，或许家里的事情让我有点受影响。

杨琳　15:22:17

我从明天起就一定不会这样了，会积极参加工作，热爱生活的。

张老师　15:22:40

看看这种状况，是工作造成的还是身体本身造成的，或者是不适应杭州造成的，分析清楚了，就有办法哈。

杨琳　15:23:11

不适应杭州造成的。

杨琳　15:23:40

因为这里的人都很优秀，又都是浙江人，节奏快，我学起来很吃力。

杨琳　15:24:21

看着别人都是一家人，我却孤孤单单在这里，心态也没调整好。

杨琳　15:25:01
再加上我奶奶的去世，接连的打击，我就开始犹豫要不要在这里了。

杨琳　15:25:19
然后开始纠结，饭也吃不下，晚上也不好好睡觉。

杨琳　15:25:32
我觉得自己内心还是不够强大。

张老师　15:26:52
有人现在连工作都没呢，有人现在连自由都没呢，有人现在连四川都没出去过呢。再说，当初那工作，不是你自己蹦蹦跳跳去选的吗？

杨琳　15:27:31
对啊！来了发现不是自己想象那样，心态没调整好。

杨琳　15:27:42
适应能力还是太差。

张老师　15:28:04
我诊断你这不是抑郁，是想家。挣了高工资，就回来嘛。

张老师　15:28:43
请俺和在成都的小伙伴搓一顿。

杨琳　15:28:44
好嘛，我努力适这一切吧。

杨琳　15:29:04
好嘛！突然就变开心了。

杨琳　15:29:14
张老师干吗不早点开导我？

杨琳　15:29:25
害我伤心那么久。

杨琳　15:29:43
还一直处于封闭状态。

杨琳　15:35:19
不过我会记住今天所发生的一切和张老师说的话，重新做回原来的自己。

杨琳　15:35:30
以积极乐观的心态面对未来。

张春玲　15:36:01
鼓掌。

杨琳　15:43:19
谢谢你们给我力量。

杨琳　15:43:32
我明白接下来应该怎么做了。

张老师　15:51:27
任何人都有适应环境的那个时期啊，再说，我也不觉得你的困扰是多大的问题，所以就懒得理你哈。

杨琳　15:54:32
好吧，我还能说什么嘛。

阳玉洁　15:54:45
我也在工作。

杨琳　15:55:07
好吧，共同努力奋斗。

世界以爱吻我，我愿报之以歌

时间流逝，宛如流水，在静默中悄然流逝。转眼间，十年，弹指一挥间，便匆匆溜走，留下的，都是珍贵的回忆。

十年前，天崩地裂，仿佛世界濒临毁灭的那场地震打破了我们平静的生活。我，就是其中的一员。当时学校下午要上课，我中午就寄宿在学校附近午休。正在上学路上时，忽然地动山摇，街边店铺的商品掉下来，酒瓶满地。我当时想是否有人在修路，结果发现没有，随即我便反应过来，就呼喊大家躲避地震，后来的事情在这里就不赘述了。

　　受了伤后，我被老师迅速送往卫生院，简单包扎了以后就坐在一旁。看着周围的伤员，我心中十分恐惧——我担心我的家人、同学、老师，孤独地看着点滴瓶里的液体缓缓滴下，我想，爸爸妈妈会不会找不到我了。后来，我的爸爸急急忙忙地跑来，我那时是多么想他！他就在我最无助时及时来到我身边，我十分庆幸。接着母亲也来了，看到我，眼泪止不住地流。我的母亲是我的继母，有了我之后，她没有再生育，而是将我视如己出，用柔软的爱呵护着我。看到她的泪，我的眼眶湿了。

　　后来到了广元，那里的医院人满为患，没有空余的床位了，我父母只得把我带走，在广场上睡了一宿。那一夜，没有人睡着，人们都在夜晚轻抚着伤口。后来我做了手术，切除了左前脚掌，又转院去了郑州。

　　在郑州，我过得很开心。那里有很多善良温柔的人——也许现在我性子里的善良就是此时习来的吧。最令我记忆深刻的，是那位姓张的阿姨。她是护士长，她每天都会来看望我，甚至有时会陪我玩。当父母不在我身边时，她就会带我出门走走，接一接地气，呼吸一下新鲜空气。河南的空气很不一样，比

较干，甚至有些涩。但我如今仍然想再闻闻那里的空气，仍然想再和我的阿姨走走。就在今年的夏天（也许是吧，有些记不清了），张阿姨来四川玩，走时想起了我，便给我的父母发了一条短信。我知道后很感动，当时我就想：关心我的张阿姨一直没变过，我不能不争气！

后来我去了广元外国语学校。从2008年读书至今，学校减免了我的学费，这更激励我要认真读书。

在震后重新入学不久，我收到了一封特殊的来信——一位当兵的哥哥在了解到我的事情后，给我寄来了书信，激励我坚强面对生活，快乐成长。后来我有幸和他通了电话，他鼓励我奋发向上，走出地震的阴影。这几年来渐渐没有再与他联系，心中一直很惋惜。

在学校里，同学们都很友好且善解人意，为了让我生活方便，他们总是把下铺的位置留出来。他们将我当作家人，未曾疏离。老师们都很和蔼，和我的关系亦师亦友，并且总在我犯错时指正，并无半点偏私，给我最贴心的呵护——这使我最终养成了开朗乐观的性格。我在和谐的环境中成长，我以我的平凡生长而快乐。

现在想起和我同一年获奖的哥哥姐姐们，我们可以通过QQ和微信联系。在他们中间，我永远是被照顾的那一个，因为我是最小的，2000年3月24日出生。在他们眼中，我是一个有礼貌懂事的小弟弟。其实，我是从内心尊敬他们的，因为他们才是真正的英雄，而我做的事情微不足道，不能和他们相提并论，我一直是这么想的。

总之，现在的我，在高考前夕，获得了这一个机会和自己交流，才发现了真正的我。阿姨视我为子，哥哥姐姐们视我为弟，学校热心相助。泰戈尔说："世界以痛吻我，我却报之以歌。"而现在世界以爱吻我，我不报之以歌，还能报之以何？

十年，不长，人生中都有好几个十年；十年，很长，足以改变容颜，足以改变心灵，足以使备受关爱的小树成长为桐柏，为世人洒下一片浓阴。

记忆：那个特殊时刻·张庚杰

地震发生时，张庚杰在离学校不远的街道上，他突然看见前面一位同学在朝一堵即将倒塌的围墙走去。他一边高喊，一边奋不顾身地冲上去拉开那位同学。

围墙要倒了，赶紧闪开！

轰！轰！

这时，两米多高的围墙倒塌，同学被掩埋，张庚杰的左脚也被砸成粉碎性骨折。

他一边艰难地爬向被埋的同学，一边高声呼救。

闻讯赶来的老师见张庚杰的左脚被砸，血流不止，马上抱起他要去医院。他却指着倒塌的围墙，焦急地让老师去救那个同学。

张庚杰的左脚掌前端被切除，但他却说："比起地震中死去的同学，我幸运多了。我一定会坚强地面对生活。"

纪实：十年成长大家聊·之十六

杨琳开始上班了（2015-08-05）

杨琳　15:57:58
　　我已经开始上班了。

卿静文　16:09:07
　　好棒。

杨琳　16:11:27
　　还好吧。

杨琳　16:11:45
　　卿姐有空来找我玩哦。

卿静文　16:37:01
　　医院啊？

杨琳　16:37:29
　　哈子医院噢！是带你去西湖啊。

杨琳　16:37:32
　　钱塘江。

杨琳　16:37:38
　　雷峰塔。

杨琳　16:37:44
　　千岛湖。

卿静文　16:38:03
　　哈哈哈哈！

卿静文　16:38:05
　　好的。

杨琳　16:38:38
　　因为我医院有点忙，陪卿姐玩的时间较少。

卿静文　16:39:30
　　安啦，工作很重要。暂时没有打算去浙江，如有机会，一定联系你哈。

杨琳　16:41:49
　　好的。

杨琳　16:42:12
　　因为学医关系人命的。

杨琳　16:42:17
　　不能出差错。

杨琳　16:42:27
　　不然会判死刑。

卿静文　16:43:13
　　你没问题的，不要有太大压力。

杨琳　16:44:07
　　哎，就是压力大耶。

杨琳　16:44:30
　　又没合适的工作，就只能在这里混。

卿静文　16:52:46

　　调整好心态，积极面对生活。既来之，则安之。

张春玲的事牵动大家的心1（2016-03-10）

卿静文　16:44:23

　　亲们，张春玲同学的血红蛋白血小板太低了，血
小板又配不上，医院又买不到，天天需要输血，
现在已经开始打激素了，还经常吐血。

卿静文　16:45:23

　　她周围的人血小板配了都没补起来，造血功能又
弱得很。

杨琳　16:48:00

　　她怎么了？之前不是还好吗？感觉好严重。

卿静文　16:48:05

　　希望大家多关心关心我们的小伙伴张春玲。

卿静文　16:49:02

　　是好严重的感觉，她给我说的都是太专业的词
汇，我都不懂。

杨琳　16:50:43

　　怎么说的，我去问问。

杨琳　16:52:24

　　我这在医院，只是在浙江，相隔太远，只能去问
问，如果她需要进一步治疗，来我们医院，我来
照顾她。

张老师　17:14:29

　　问清楚告知。

何翠青　17:14:55

　　@卿静文，张春玲现在生什么病了？是什么引起
的？

杨琳　17:15:53

　　我已经问清楚了，但是还没得到她同意，不知道
能否告知。

卿静文　17:18:12

　　血红蛋白血小板太低了，血小板又配不上，医院
又买不到，天天需要输血，现在已经开始打激素
了，还经常吐血。

卿静文　17:18:17

　　就是这个情况哈。

杨琳　17:18:40

　　现在病情加重了，需要血小板那些。

张春玲的事牵动大家的心2（2016-03-15）

张春玲　9:10:53

　　谢谢大家，能得到你们这么多关心，真的谢谢你
们！也谢谢你们的牵挂！这几天同学老师都有过
来帮助献血小板，也配上了几个，加上打激素，
病情好多了，献太多血小板我还是要花钱去买回
来，时间长了也不是办法。有好转了，也不希望
让大家太担心了，大家现在离得又远，也不容
易，你们心意我都收到，真的很感谢你们！

201

杨琳　9:40:33

春玲，你先好好养病，大家都是很爱你的，困难是暂时的，大家陪你一块扛，你不要想太多，安心养病，祝早日康复。

杨琳　9:40:57

@张春玲。

张春玲　9:41:08

谢谢你们。

杨琳　9:41:29

不客气，尽全力帮你。

张春玲　9:41:53

谢谢。

张春玲　9:42:18

今天医生来，说还是好多了。

杨琳　9:46:00

好样的，春玲的报道文章，我也用你这个好了，感觉我写的太冗杂了。

杨琳　9:46:20

一起加油！

林浩（1249500372）　9:46:29

央视网、人民网、新华网、腾讯等主流媒体陆续跟进。

林浩（1249500372）　9:46:41

这样保证善款专用。

张老师　9:48:26

这家伙，不错！

林浩（1249500372）　9:49:31

你们发动身边的好心人，积极加入到这场爱的接力中来。通过这次张春玲身陷困境，提醒我们，现在我们都已长大了，大家借此发起成立"爱之链英雄互助联盟"，今后谁有困难大家就抱团帮助谁。同时，还可以对外做好事。

林浩（1249500372）　9:49:53

如果大家都愿意，我们就行动起来吧，并在此留言表达意愿。

张老师　9:50:31

再过两年就是十周年，我跟你们约过要出一本书的，这是一件很光荣的事，加油！

林浩（1249500372）　9:51:25

请春玲多发一些在医院的照片过来。

杨琳　9:53:14

你们发的这个，我发出去字太小了，看不清。

杨琳　9:53:39

可否原文粘贴一个来？

杨琳　9:53:57

@林浩。

杨琳　9:54:43

关键是账户卡号都是看不清楚的。

林浩（1249500372） 9:55:07

因妊娠大出血，汶川抗震小英雄张春玲身陷危难中，正在绵阳中心医院救治。B型血的好心人，请为她献血；长期医治已花光了她所有的积蓄。捐款信息：户名：四川省汶川地震灾区重建基金会，汇款请注明：林浩爱之链专项基金援助张春玲，开户行：中国工商银行成都茶店子支行，账号：440×××××××××××××××。

杨琳 9:55:25

谢谢。

林浩（1249500372） 9:55:51

直接登录微博就可以了。

林浩（1249500372） 9:55:58

一会儿中央媒体会有报道。

林浩（1249500372） 9:56:11

大家有微博的请登录微博转发。

杨琳 9:56:22

我没有微博，我比较OUT。

林浩（1249500372） 9:56:53

马上微信公众号发出来，你们转。

林浩（1249500372） 10:01:21

@杨琳，请将春玲的病情以文字方式发来，做新闻素材。什么时候住院的，每天输血情况，异常反应，主治大夫是谁，春玲震后这几年的学习和生活，等等。

杨琳 10:18:13

好的，我尽快，但是很多详细的资料我要先核实清楚才能给你们，具体的可能要打电话问问春玲，请给我一点时间。

林浩（1249500372） 10:18:27

好。

杨琳 11:30:20

电话给一个@卿静文。

杨琳 11:31:29

卿姐你的电话给我一个。

杨琳 11:31:43

我是杨琳。

梁强 11:37:16

我尽快写。

卿静文 11:38:12

135××××××××我的电话号码。

卿静文 11:38:26

187××××××××张春玲的。

杨琳 11:39:07

我自责，愧对大家了，我这几年没好好关心春玲，提供不了任何信息。

林浩（1249500372） 12:03:21

@杨琳，我们还是你提供的信息才知道张春玲的事。

林浩（1249500372） 12:03:32

@杨琳，大爱。

林浩（1249500372） 12:03:47

尽力就好。

何翠青 13:10:12

@全体成员，不好意思，同志们，最近工作太忙，今天重庆市有大赛，没有时间和大家联系，每次讨论也不在，望大家商讨之后有需要帮助的请联系我，我将尽全力积极配合。春玲是我们的小伙伴，我们共同关爱，谢谢大家。131××××××××，这是我的电话。

张老师 13:44:07

张春玲比较好强，当年我编《我们在长大》时电话采访她，她都不接受。现在通过卿静文的介绍，基本了解到了一些情况：一是因怀宝宝造成了血小板偏低，30以下，现在要做的工作就是要恢复到80以上，这样才可以做手术。她自己并不愿媒体过多介入，因为媒体的角度不正确的话，会伤害到人。

张老师 13:47:17

现在我们做什么？一是祝福她，早日康复；二是放下我们要替她做这样做那样的行动，安静下来；三是要利用我们自己的力量减少不好的报道，不要被人利用。

杨琳 13:53:12

好的，那我把那些都停下，以后有需要，随时叫我，我都在，能帮助伙伴，我很荣幸，也很快乐，错在我的做法，第一个检讨我自己。

杨琳 13:55:00

我们一起给春玲加油！打气！春玲早日康复！

陈娴静老师 17:05:36

小伙伴们，张春玲的病情已经受到了各级党委政府的关注，关心帮助她的人越来越多，请大家放心。今天下午春玲正在手术，让我们一起祝福她吧，坚强的孩子！！

陈娴静老师 17:26:20

这次事件，再次感受到了小英雄们的友爱、善良、互助、团结。时隔多年，你们依然让我们感动，为各位点赞哦！！

王磊（1538294977） 17:27:51

谢谢，陈老师！

张春玲 18:09:46

谢谢大家一直关心和牵挂，现在病情好多了！

陈娴静老师 8:55:44

春玲，你太勇敢了，真棒！

王磊（1538294977） 17:02:01

谁有林浩的联系方式给我一下，谢谢！

贾孝龙 18:23:12

有没有人？

贾孝龙 18:23:21

有急事。

梁强　18:23:36

　　？

王磊（1538294977）　18:24:12

　　怎么了？

贾孝龙　18:24:26

　　谁在北京呀？

王磊（1538294977）　18:24:48

　　林浩在吧？

王磊（1538294977）　18:25:08

　　张博也在。

贾孝龙　18:25:27

　　有没有认识北京的大学生？我想找人补补课。

贾孝龙　18:26:22

　　强哥，你是不是有啊？

梁强　18:26:40

　　有一堆。

梁强　18:26:48

　　我得问问。

张春玲的事牵动大家的心3（2016-04-04）

杨琳　12:15:53

　　春玲的近况，希望大家还是能继续多关心关心她。

张春玲　20:59:52

　　谢谢杨琳。

张老师　9:29:41

　　谢谢杨琳。

杨琳　0:32:51

　　不客气啦！

省文明办的关怀1（2016-04-27）

陈娴静老师　16:33:12

　　请大家尽快把联系方式发送给我哦。私聊、群聊均可。

王磊（1538294977）　16:34:33

　　在呢。

王磊（1538294977）　16:34:55

　　183××××××××。

陈娴静老师　16:37:19

　　王磊小朋友，是甘肃的哇。

王磊（1538294977）　16:38:25

　　是的。

王磊（1538294977）　16:38:38

　　靠近你们四川。

陈娴静老师　16:39:12

　　我们想了解下四川英雄少年这么多年来的基本情况，8载春秋了。

王磊（1538294977）　16:40:20

　喔喔。

陈娴静老师　16:40:31

　各位同学，出来透透风哦！

　各位同学：

　近期，四川省文明办想了解各位英雄少年的基本情况。请大家尽快把联系方式发送给我哦（私聊、群聊均可），感谢大家！

高志军　17:22:02

　那优秀少年呢？

陈娴静老师　17:24:49

　一样的一样的哈，同学们！

陈娴静老师　17:25:15

　不分这些的。

卿静文　17:45:41

　陈老师，135××××××××，卿静文，四川。

陈娴静老师　17:47:14

　静文，现在你在成都工作吗？

卿静文　17:47:23

　是的。

杨琳　17:50:00

　@陈娴静老师！陈老师，我是杨琳，谢谢您和文明办对我们的关心，这么多年过去了，依旧记得我们！谢谢，杨琳的电话：187××××××××。

陈娴静老师　17:53:02

　收到。@小伙伴们都纷纷出来了哦。

何翠青　17:54:58

　何翠青，131××××××××。

陈娴静老师　17:55:22

　同学们都长大了，在不同的地方发着光和热。

省文明办的关怀2（2016-04-28）

阳玉洁　11:04:16

　@陈娴静老师！

阳玉洁　11:04:56

　182××××××××欢迎骚扰，阳玉洁。

陈娴静老师　11:27:46

　欢迎玉洁。

张老师　12:56:16

　陈老师，娃娃如何了？

康洁（155301253）　15:05:32

　131××××××××，康洁。

张春玲　15:50:27

　187××××××××张春玲。

陈娴静老师　15:53:03

　收到了，康洁、春玲。

陈娴静老师　15:53:21

　春玲，你现在如何呢？大家都很关心你哦。

阳玉洁　15:56:02

　　@张花氏。

阳玉洁　15:56:15

　　我要汇报工作。

16:08:10

　　熊熊加入本群。

16:08:41

　　未成年人工作处-张金龙加入本群

张春玲　16:10:04

　　@陈娴静老师，贫血时间长了没补起来，导致心脏出问题了。

精神文明报秦丽（530139703）　16:10:20

　　谢谢通过。

张春玲　16:10:26

　　现暂时还在住院。

陈娴静老师　16:11:27

　　@张春玲，现在只能好好休养，按照医生的治疗方案。有什么情况，及时给绵阳市和我们反馈哦。

张春玲　16:11:43

　　谢谢大家关心。

张春玲　16:11:47

　　好的。

阳玉洁　16:12:33

　　原来这个哥哥在群里。

康洁（155301253）　16:12:53

　　@张春玲，好好照顾自己。

289501176（289501176）　16:13:18

　　哦，呵呵，刚加进群的。

陈娴静老师　16:14:02

　　刚加了两位新朋友进来。

张春玲　16:14:38

　　@康洁，嗯，谢谢。

康洁（155301253）　16:15:18

　　@张春玲，客气了。

阳玉洁　16:15:41

　　@未成年人工作处-张金龙，看到啦。

阳玉洁　16:15:57

　　你好。

阳玉洁　16:16:14

　　@陈娴静老师，我们今天走红毯。

精神文明报秦丽（530139703）　16:16:14

　　大家好大家好，我是精神文明报秦丽，新加入的。

阳玉洁　16:16:42

　　哈喽。

阳玉洁　16:16:44

　　你好啊。

梁强　16:17:09

　　你好。

张春玲　16:17:27

手机辐射太大，我的血色数都比较低，医生说我不能用手机时间太长，就不陪大家聊了，等康复了联系你们。

阳玉洁　16:17:57

好的，好好养病吧，春玲。

陈娴静老师　16:18:02

好的，你多多休息。

阳玉洁　16:18:05

@梁强。

张春玲　16:18:19

大家886。

阳玉洁　16:18:24

猜猜。

精神文明报秦丽（530139703）16:18:32

@张春玲。　好好休养。

289501176（289501176）　16:19:17

你好，彭州文明办老师已经将照片传给我了哈。

忆往昔（2016-04-28）

阳玉洁　16:20:38

嗯嗯。

阳玉洁　16:21:40

@未成年人工作处-张金龙，工作的时候都是我拍别人，所以有点尴尬。

精神文明报秦丽（530139703）　16:22:23

群主、管理员，我们报社还有一位负责未成年人这块的老师申请加入，还请通过，谢谢哦。

梁强　16:22:57

我来帮你。

289501176（289501176）　16:23:12

呵呵，我觉得很自然的。

梁强　16:23:13

@张花氏，张老师，给我当个管理员嘛……

阳玉洁　16:23:25

@未成年人工作处-张金龙。

陈娴静老师　16:24:00

群里面一下子就热闹起来了。

阳玉洁　16:24:08

就是就是。

阳玉洁　16:24:22

别拦我，我要发自拍了。

精神文明报秦丽（530139703）　16:24:48

成长群就是随着成长有着聊不完的话题。

阳玉洁　16:25:36

说的是咧。

阳玉洁　16:35:12

哈哈。

康洁（155301253）　16:35:40

以前真好。

梁强　16:38:03

　　我长变了。

陈娴静老师　16:38:59

　　可乐旁边的是你哇？

梁强　16:39:39

　　NO。

梁强　16:40:11

　　看来我真的长变了。

16:41:05

　　悠哉悠哉加入本群。

阳玉洁　16:51:24

　　哈哈哈哈哈哈！

阳玉洁　16:52:29

　　哈哈哈哈哈哈哈哈哈哈哈哈！

梁强　16:54:14

　　好吧！被发现了……这都找到了……

梁强　16:56:50

　　看这像同一个人吗……

杨琳　16:56:52

　　心脏有左右心房和心室4个心腔，可是心脏是左心室产生。

陈娴静老师　17:02:25

　　？？？

杨琳　17:03:18

　　不好意思，打扰了，刚刚发错了，是给春玲的。

杨琳　17:05:45

　　这个照片没我呢。

梁强　17:06:05

　　有啊。

杨琳　17:06:41

　　怎么没有我？

陈娴静老师　17:06:45

　　可能这张正好没你。

陈娴静老师　17:07:08

　　这是彩排时候的一张照片。

杨琳　17:08:47

　　哈哈，这张我一定要保存下。

杨琳　17:09:14

　　谢谢陈老师。

陈娴静老师　17:09:48

　　谢谢你哦。

陈娴静老师　（27515066）　17:10:14

　　这是谁？？

梁强　17:10:39

　　杨琳。

杨琳　17:10:42

　　刚刚那个是我。

杨琳　17:11:04

　　哈哈！想不到桃子的事还记得。

杨琳　17:11:35

　　忆往昔。

陈娴静老师　17:11:40

　　嘻嘻，记忆犹新。

阳玉洁　17:12:23

　　哈哈哈哈哈哈！

杨琳　17:12:33

　　我也是。

杨琳　17:17:44

　　我也发两张照片。

何翠青的班级茶话会（2016-04-28）

何翠青　17:22:21

　　同志们聊得好开心，我这边在开班级茶话会。

卿静文　17:35:40

　　大家都出落得十分标致。

卿静文　17:37:41

　　@何翠青，看着好馋，不用引诱我们。

康洁（155301253）　17:53:06

　　我完全长变了。

康洁（155301253）　17:53:19

　　我刚刚翻照片才看见变化好大。

卿静文　17:54:52

　　这就是所谓的女大十八变。

康洁（155301253）　17:58:32

　　你们也好漂亮呀。

卿静文　18:07:43

　　我大四川的妹子"威武"。

何翠青　18:18:47

　　哈哈，川妹子都好看。

何翠青　18:19:53

　　@卿静文，学生们都辛苦了，五一不放假还要集训，开个茶话会缓解一下紧张情绪。

贾孝龙　18:21:13

　　都是大美女。

陈娴静老师　18:29:01

　　贾孝龙，信息表填没有？

贾孝龙　18:32:59

　　@陈娴静老师，填了。

陈娴静老师　18:33:32

　　好，昨天忘记回你电话了。

贾孝龙　18:34:14

　　没关系的，您一天也挺忙的。

陈娴静老师　18:38:09

　　好理解。

贾孝龙　18:39:12

　　哈哈，应该的，姐，再忙也要注意身体哦。

陈娴静老师　18:39:59

　　谢谢同学们。

大家期待相聚（2016-04-29）

康洁（155301253） 10:42:30
　　陈老师表格和照片已发。

陈娴静老师 10:43:03
　　好，感谢小洁。

康洁（155301253） 10:43:12
　　谢谢你才是呢。么么哒。

何翠青 10:44:27
　　我正在努力填写。

陈娴静老师 10:45:43
　　加油，少年们（青年们）！

何翠青 10:48:20
　　办公电脑上没有我的生活照，宝宝心里苦啊。

陈娴静老师 10:50:04
　　手机照一张乖的噻。

何翠青 10:53:44
　　NO。

杨琳 10:53:48
　　我有。

何翠青 10:53:53
　　妹妹，不要这样！

杨琳 10:54:18
　　漂亮的。

杨琳 10:54:48
　　好吧！已撤。

何翠青 10:55:01
　　没关系的。

陈娴静老师 10:55:20
　　青春阳光。

何翠青 11:00:38
　　大家很多年不见了，都有很大的变化了。

卿静文 11:03:55
　　亲们，8年了。

张博 11:04:14
　　大家变化好大。

张博 11:04:19
　　我们都老了。

卿静文 11:04:40
　　你老了，我们还年轻。

张博 11:05:27
　　嗯嗯！我老了！

张博 11:05:40
　　几天不开qq你们聊得很欢乐嘛。

张博 11:09:22
　　悠闲的人儿们。

何翠青 11:11:07
　　以前我都不爱主动说话，跟大家都没有太多交流，现在群里充满欢乐。

何翠青　11:11:13
　　是你太忙了。

陈娴静老师　11:11:43
　　感觉翠青这几年性格变化很大。

何翠青　11:11:57
　　是的。

张博　11:12:48
　　陈姐姐，今年能不能聚？

陈娴静老师　11:18:20
　　还不知道呢。

卿静文的生日（2016-04-29）

张博　11:18:49
　　好吧！好期待。

卿静文　11:21:02
　　给大家说一个很巧的事情。我的农历生日，今年的公历刚好是5·12。

何翠青　11:21:55
　　就是5·12那天你的生日吗？

杨琳　11:22:01
　　不要太感伤了。

卿静文　11:22:03
　　今年是。

何翠青　11:22:35
　　好有寓意，重生。

何翠青　11:22:37
　　没关系。

何翠青　11:23:13
　　一定得好好过。

卿静文　11:24:09
　　好的。

卿静文　12:01:53
　　我也选了好几张，提供选择！

王佳明　23:47:05
　　大家好。

张庚杰长高了（2016-04-30）

张庚杰（2322411645）　8:37:38
　　大家好！

何翠青　8:38:00
　　早上好！

杨琳　9:41:03
　　嘿嘿！

杨琳　9:41:16
　　这两天原来大家都放假了啊？

杨琳　9:42:03
　　庚杰应该长高了吧？

张庚杰（2322411645）　9:51:44
　　是啊。

张庚杰（2322411645）　9:51:54

现在在读高一。

何翠青　10:28:13

在哪读？

何翠青　10:28:17

我在加班。

张庚杰（2322411645）　10:57:14

在广外。

张庚杰（2322411645）　10:57:45

现在身高180。

杨琳　11:06:03

真的啊，以前还没我高呢，都180了啊，小家伙果真长个了。

张庚杰（2322411645）　11:06:16

是啊。

杨琳　11:07:01

我记得你以前好像只有140吧，哦，那是很多很多年前了。

张庚杰（2322411645）　11:07:21

那是08年了。

杨琳　11:07:39

快放张照片，让姐瞧瞧。

何翠青　11:46:01

天啊，庚杰，你长这么高啊！

阳玉洁发表文章（2016-05-06）

阳玉洁　21:12:50

在家没网，你们聊得好欢。

梁强　21:13:16

？

梁强　21:13:25

这都几天前的消息了！

阳玉洁　21:13:35

我知道。

阳玉洁　21:13:43

我今天才看到。

梁强　21:14:12

写得还可以。

阳玉洁　21:14:16

这是我的文章，刚刚发表，点个赞吧。

何翠青　21:17:37

文章很赞。

阳玉洁　21:17:42

谢谢。

不忘初心，拥抱梦想

  我是欧阳宇航，2008年5·12汶川特大地震发生之后我被授予全国"抗震救灾优秀少年"荣誉称号，保送到国防科技大学学习。十年里，快乐、难过、努力、拼搏，始终坚持不忘初心，拥抱梦想，收获成熟。

  我想从两个方面分享我的感悟：内心坚毅，努力拼搏；常怀感恩，回报社会。

一、内心坚毅，努力拼搏

"人，活在这世上，就必须每天在现实中行走，也就难免会遇到这样那样的磕磕绊绊。有的人在这磕磕绊绊中一蹶不振，有的人却愈挫愈勇，成就了辉煌人生。"引用这一段话，是我觉得它总结得很好。内心坚毅就是说不管遇到多大的挫折，都要不屈服不放弃。记得我在军校时，因为参加全国军校大学生演讲比赛而耽误了高等数学等课程的学习，学习进度落后，在自我感觉良好的情况下，期末考试"光荣"挂科了。当时我代表整个学校在全国级的比赛中夺奖归来，自以为鲜花、掌声和立功受奖都在等着我，即便课程考试，老师也会照顾自己。但是，现实却犹如一盆冷水，冰冷地浇在我的脸上。因为学习上的放松，导致高等数学期末成绩只有38分，因为38分导致比赛的努力被全盘否定，个人三等功没有了，我不仅评不了优秀学员，而且还被中队定为帮扶对象。在我当时那颗年轻气盛的心里，这犹如天大的打击，自我感觉良好的优秀少年，现实中却成了后进生、帮扶对象。寒假伊始，我还没能走出这黑色的阴影，但在参加彭州市残联的一次春节慰问活动后，我又"满血复活"了。当时，我和残联的叔叔阿姨们一起进山，看望那些生活困难的残障人士，他们中有的人是因为那次地震成为残障人士的。当我看到他们每个人脸上的笑容，看到他们即使身体不完整但依然幸福生活时，我的心受到了

说说和日志相册
98/125
查看原图

国际海星助养计划，中国长沙国防科技大学第二届"星心涌诚"答谢会。这是我最小的粉丝：范思静小朋友
2012年4月23日上传

评论

震撼。有什么克服不了的困难呢？我回想起在地震救援时，我们的生活是多么的困难，而现在经过努力，我们的家园在重建，我们的生活在变美好。我突然想起，虽然在天灾面前我们是那么渺小，但我们都勇敢地站起来了，我们都努力地活下来了。而现在，摆在我面前的不就是一次不足那次灾难千万分之一的挫折吗？这就能让我趴下吗？于是，我想明白了，站起来了，只要努力拼搏，没有什么困难是战胜不了的。

第二学期，在同学的帮助下，在老师的指导下，别人休息我加班，别人打球我做题，别人外出逛街，我外出请教老师。期末，老师打来电话告诉我"考得很好，前几名"，我感觉自己成功了！是啊，我们从小到大都受父母呵护，有朝一日自己开始独立了，才突然发觉生活之路是如此的坎坷，阻

力、困难、挫折和打击层层递进、步步紧逼，有的人在这磕磕绊绊中一蹶不振，有的人却愈挫愈勇，成就了辉煌人生。所以，内心坚毅、努力拼搏，没有什么困难是战胜不了的。

二、常怀感恩，回报社会

《解放军报》2012年3月8日刊载的一则消息，可以作为我感恩社会、回报社会的一个事例：

> 全国"抗震救灾优秀少年"、国防科大指挥军官基础教育学院学员欧阳宇航，在军校学习的3年多时间里，以雷锋为榜样，将积攒的5000余元津贴全部捐给长沙市彩虹孤残儿童服务中心，用爱心帮助孤残儿童成长。

入学后，学校组织新学员到长沙市望城县雷锋纪念馆参观，我下定决心：做雷锋传人，传播雷锋精神。此后，我坚持利用周末和寒暑假，到长沙市彩虹孤残儿童服务中心献爱心，与一名8岁的重度脑瘫女孩结成帮扶对子。

为使这名孩子快乐成长，我专门向心理学专家请教，把对她的心理疏导与学习辅导结合起来。渐渐地，这名重度脑瘫的孩子脸上的笑容多了起来。前不久的一个周末，我与同学们一起将5名孤残儿童接到学校，请他们观看学员的学习训练，为他们表演文艺节目，孩子们脸上露出了灿烂的笑容。

我始终相信心中有爱，处处皆感恩，愿安好！

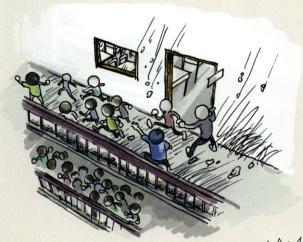

地震发生时，欧阳宇航所在的班正在上英语课。他主动配合老师疏导同学朝楼下操场跑去。

快跑！

几位女生躲在书桌下，欧阳宇航冲进去，把她们带出教室。随后，他又冲进另一间教室，发现门后站着五六名女生，"可能还有余震，赶快跑到操场上去！"他搂起前面两位女生跑出教室，后面的女生也跟着跑向楼下。跑到楼道口，欧阳宇航又进入一间教室查看，发现一位女生还躲在书桌下，任凭怎么劝说，她就是无力挪动脚步，他迅速将这位同学背出了教学楼。

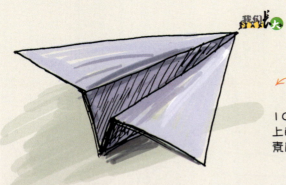

班主任罗家平老师说，欧阳宇航疏散了100多人。他此前曾报考过飞行员，因身体上的一点小原因落选了。欧阳宇航的良好心理素质，促使他有了这次英雄行为。

欧阳宇航一直认为自己所做的都是应该的："我干的这些事都是一些力所能及的事。危急时刻，就是我们报效祖国的时候。"

纪实：十年成长大家聊·之十七

阳玉洁受表扬（2016-05-09）

张老师 10:05:37
　　阳玉洁，表扬一下你。

张老师 10:06:23
　　很喜欢年轻人端着个姿势，说——时间是岁月的刻度。

张老师 10:06:57
　　而且是随想录式的时间。

张老师 10:07:43
　　我们中老年人的时间，也是一个刻度一个刻度过来的，呵呵。

还记得纪念册的事（2016-05-10）

阳玉洁 16:20:28
　　哈哈！

陈娴静老师 16:29:06
　　李阳。

陈娴静老师 16:29:16
　　呼叫——

阳玉洁 17:15:13
　　在成都的小伙伴。

阳玉洁 17:15:25
　　呼叫——

梁强 21:56:23
　　这是我们的纪念册里的照片。

何翠青 21:56:41
　　这个人好自恋。

何翠青 21:57:06
　　杨琳，我决定帮你了。

贾孝龙 21:57:20
　　英雄联盟。

何翠青 21:57:45
　　玉洁呢？这个时候应该美女发照片了。

杨琳 22:01:52
　　通过今天这事深深地明白了什么是修行不够，梁某人太绝了，一点活路都不给我，我得充电。

贾孝龙 22:10:26
　　@康洁。

梁强 22:24:21
　　@杨琳。

杨琳 22:24:24
　　永远不会理你了。

杨琳 22:24:31
　　已经生气了。

杨琳 22:24:41
　　拜拜。

杨琳 22:25:37
　　没生气了，开玩笑的。

杨琳 22:25:51
　　瞎闹着玩，最近比较忙。

杨琳 22:26:00
　　我先休息了哈。

记录：我的十年成长·贾孝龙

十年磨砺，百炼成钢

2008年5月12日，天空万里无云，炎热的太阳炙烤大地，灾难突如其来。大地在颤抖，山川在扭动。一座座建筑，摇晃着轰然倒塌。从天而降的巨石，无情地砸向大地；漫天而起的尘土，遮蔽了烈日和长空。恐慌的人群，朝着各个方向涌出。揪心的哀号和撕心裂肺的呼唤，让天空变色、草木悲鸣。地震考验着每一个人，大家都积极投入到抗震救灾中去。当时的我还是一名初中学生，但是在那场天灾面前，我没有退缩，成功地解救出几名群众，受到了国家、政府、群众的一致好评。当有人问到我以后想干什么的时候，我大声地说："我想要当一名消防队员！"从那时起，我就与消防结下了缘。

初入警营，青春懵懂

2009年12月，我怀揣梦想，加入到北京消防，成为北京消防的一名战士，开始了向往已久的消防武警生涯。

多功能抢险救援车、云梯登高车、泡沫消防车、液压扩张器……初来中队营区，各种各样的消防车辆、器材、装备，让我心驰神往。老班长娴熟的消防装备操作技术、丰富的装备知识更是让我羡慕不已，我暗暗在内心立下志愿，自己也要成为装备操作能手。在紧张的战勤值守和训练之余，我一有空就跟在班长身后，维护消防车时给班长当帮手，操作消防装备时认真学习，仔细揣摩机械的性能、原理。

一分耕耘一分收获。在短短的半年多时间里，我熟练掌握了灭火、救生、破拆、侦检等8类100余种器材的操作和维护方法，如愿成为中队抢险救援攻坚组成员，并在这一岗位上一干就是7年，和战友们一同抢救出了一名又一名被困群众。

2010年3月份的一次电梯救援，是我参加的第一次救援，也是最难忘的一次救援。那天21时许，一对母子被困在了一部电梯里近1个小时，自救和他救均无效后，物业人员最终选择向消防报警求助。作为"新兵蛋子"的我和战友到达救援现场，立即展开救援行动。后来，我也曾回忆过当时的心情，其实并不是因为我第一次参加救援感到兴奋，而是当我们用铁链把电梯门撬开了一条缝隙时，借着昏暗的灯光，我看到了一个孩子那双渴望求生的眼神。那双眼睛深深震撼了我，也让自己感受到消防兵所肩负的使命是多么光荣神圣。

不忘初心，砥砺前行

"养兵千日，用兵一时"，每个消防官兵身上都肩负着重大的责任，随时都有诸多的灭火救援任务等待消防官兵去战胜。面对这样重大的责任和繁重的任务，没有本事能行吗？能打胜仗吗？面对这些思考，我的答案只有一个，就是必须成为有本事的新一代革命军人，成为中队的业务骨干。

2011年4月，我主动申请参加总队的消防铁军培训，当年9月参加北京市应急救援综合演练（地铁脱轨项目），2012年10月又报名参加铁军骨干班长培训班。在这些强化训练中，为不辜负中队党支部的期待，给中队赢得荣誉，在别人休息的时候，我总是在训练场上加练。正是凭着这股韧劲、这种不屈不挠的精神，我取得了一点成绩。

2015年9月，北京消防总队承担了反法西斯抗战胜利70周年和国际马拉松锦标赛两项重大消防安保任务，我有幸成为核心区域核生化安检小组的一员。一个月前8·12天津大爆炸的发生，将危险化学品的防控、处置工作推到了风口浪尖，我所承担的安保任务非常艰巨，心理压力不小。

为期4天的安检工作中，我每天都是连续奋战12小时以上，共安检1500余人，车辆200余部，检查出危险品80余件，圆满完成安保任务，得到了上级领导的一致认可，荣立个人三等功一次。

怀揣梦想，勇攀高峰

"不想当将军的士兵不是好士兵"。每名战士都有一个"将军梦"，为此必须通过考试，成为军事院校的一员。相信每一名参加过军事院校考试的战友都会铭记那段痛苦而难忘的经历。我自己也不例外，除去正常的训练、出警、站岗、战备……其他一切时间都用来学习。训练休息的间隙，自己就躲在无人的角落里，抓紧时间背几个公式、记几个单词。有时候碰上连续出警，疲劳得厉害，可制定的复习计划还没完成，就强迫自己坚持下去，想想自己当初的选择，也就有了努力的方向和前进的动力。2014年、2015

年两次考试失利也未能使我动摇。我深知，自己的文化基础比较薄弱，唯有比别人付出更多的努力，才有可能实现自己的梦想。终于，在2016年军考中，我在军事业务和文化理论考试中，均取得了优异的成绩，成功考入昆明消防指挥学院。

心怀感恩，竭诚奉献

感恩，不能只停留在心里，停留在口头上，而应化感恩为动力，从我做起，全心全意为人民服务。作为消防官兵中的一员，我深知自己使命在肩，担子很重。我坚信，有"党"这座丰碑、这个灯塔、这面旗帜做指引，胸怀对人民群众深深的爱，拿出刚强的意志力、下艰苦卓绝的功夫、做脚踏实地的努力，就没有吃不了的苦，就没有战胜不了的困难。

入伍以来，我始终积极向党组织靠拢，重视政治理论学习，不断用马克思列宁主义、毛泽东思想、邓小平理论、"三个代表"重要思想和科学发展观改进自身工作方式

方法。2011年7月，面对鲜红的党旗，我郑重而庄严地宣誓。那一刻，我将铮铮誓言铭刻在信念里，将党员的职责刻进了骨髓里，带着满腔热情去诠释全心全意为人民服务的宗旨。加入中国共产党以来，我深知党员不仅是一种称号，更是一种责任。要做一名好党员，就要"平时工作看得出，关键时刻站得出"，当人民生命财产安全受到威胁时，我必须冲在最前面，把群众当亲人，把爱心献人民。

2016年4月，北京市海淀区红联南村小区发生天然气爆炸事故。在爆炸的巨大威力作用下，5号楼1、2单元多个房间同时起火，我和战友们到场时，火势已经十分凶猛，不断有翻滚的火焰蹿出窗口。得知有群众被困，我作为抢险救援攻坚组组长，在指挥员的带领下迅速深入火场内部，搜救被困人员。1层和2层是受到爆炸冲击最严重的区域，火势也最为猛烈，平时完全不会放在眼里的两层楼的高度，此时却仿佛炼狱一般，考验着我们心理和身体承受能力的极限。熊熊烈焰借着风势不停咆哮，浓浓的黑烟翻滚着将我们包围，即使隔着呼吸器面罩，我也能感觉到滚滚热浪扑面而来，我似乎能感受到全身的毛孔迅速张大，汗水奔涌而出，每前进一步，都要耗费全部的力量。但是，我心里的一个声音，却在不停地敦促自己继续向前，有人在等着我，正像当年我的家乡遭遇地震，乡亲等着救援的军人一样，我不可能退缩。

终于，在301房间内，我们发现了一名被困的老人，我和一名战友迅速为老人戴上面罩，沿着战友们用水枪开辟出的疏散通道成功撤离。到达安全地点后，我们顾不得休息，返回楼内继续搜救。大约10分钟后，在602房间，我们又成功营救出6名被困人员。此次战斗中，我和战友们在极其困难的情况下，成功营

救了7名群众，疏散被困人员160余人，充分展现了首都消防官兵英勇顽强、敢打敢拼的良好形象，得到了群众和上级领导的一致认可，我和三名战友一起，再次荣立个人三等功。

　　经历地震灾害已快十年了，在工作上，我始终兢兢业业，任劳任怨，在平凡的岗位上用奉献书写青春，书写忠诚。作为一名共产党员，我无愧于党；作为首都的一名消防战士，我无愧于自己的事业。相信在将来的工作中，通过自己的努力，我一定会取得更好的成绩，获得更大的荣誉。"骐骥一跃，不能十步；驽马十驾，功在不舍。"我要像驽马一样，马不停蹄，将汗水甩在身后，让足迹见证，走向远方。

"妹妹要是不转到我们学校，就不会碰到这场地震。我一定要救她出来！"地震后，16岁的贾孝龙被埋在废墟下，生死一线间，这是他心中一个坚定的信念。

妹妹，坚持住，哥哥来救你了！

这时，突然听到了妹妹的求救声，他赶紧用手搬开水泥板，将妹妹成功救出。

获救后，他不顾身上的伤痛，
与幸存的老师及赶来的家长一起，
搜救废墟里的幸存者。

他先后救出三名同学，并将受
伤的班主任背离危险地带。

妹妹贾佳的一只手没了，但是
她依然乐观。这种乐观让大家又佩
服又心疼。贾孝龙说："我们都还
活着，一切都是有希望的。"

又是一年"5·12"（2016-05-12）

张老师　11:11:45

能不能把那幅张博背着张庚杰的图片发出来一下，再把二人现在的图片整一张出来，分享一下，对比好强烈的。

张老师　11:12:34

有谁愿意把八年前的自己和现在的自己，整个对比，做一个很好的微信文章？

张老师　11:14:15

小伙伴们今年团结合作，把张春玲那件事情做得漂亮。

康洁（155301253）　12:21:34

不想看那些照片，心里难受得很。

何翠青　12:24:51

今天的朋友圈都不敢翻。

阳玉洁　18:50:57

@张花氏，然后在我的平台上发表。

杨琳　19:02:31

我更煎熬，这医院还在举行护士节仪式，我不能接受和融入。

帮张庚杰投票（2016-05-14）

张庚杰（2322411645）　18:46:44

邀请各位哥哥姐姐和张老师给我投上宝贵的一票，投票方法：点开下载掌门户客户端。进入投票~点击教育之星投票~搜张庚杰，输手机号~用验证码登录~手机号验证之后就可以投票了，第一次成功后就可以直接投票了！有点繁琐，麻烦大家每天投一票哈！

陈娴静老师　19:32:39

大家多多支持。

张春玲　19:35:28

正在进行中。

杨琳　20:45:57

好的。